脑瘫儿童引导式教育项目系列

中国残联长江新里程计划项目办公室　中国康复科学所
中国康复研究中心　首都医科大学康复医学院 ◎ 组织编写

引导式教育专业人员业务考核指南

Examination Guide on Conductive Education Practice
for Conductive Education Professional Practitioners

中国残联社会服务指导中心
广东省残疾人康复中心 ◎ 主编

华夏出版社
HUAXIA PUBLISHING HOUSE

长江新里程计划：

脑瘫儿童引导式教育项目系列
编辑委员会名单

主　编　郑毓君　李建军
副主编　刘宇赤　郑飞雪　何丽辉
编　委　（以姓氏笔画为序）
　　　　　王小宇　王彩云　韦玉琴　刘彩红
　　　　　刘　璐　杨施华　杨燕燕　李远梅
　　　　　李丽映　何宝莺　余丽亚　张一奚
　　　　　陈　艳　陈惠英　周访华　赵秋华
　　　　　骆怡潋　莫　文　徐　凯　黄卫平
　　　　　黄丽华　曹丽敏　龚　勇　彭　辉
　　　　　蒋佳佳　韩佳馨　程　颖　温　洁
　　　　　蔡　中　戴素青

引导式教育专业人员业务考核指南编写组

主　编　郑毓君
　　　　何丽辉
编　者　龚　勇
　　　　李丽映

编者的话

脑瘫儿童引导式教育是在20世纪40年代由匈牙利医生派特教授创立的，在世界许多国家和地区广泛运用，在我国香港已有30多年的发展历史，曾给香港的康复服务带来深刻的变革，给广大残疾儿童康复发展带来质的飞跃，从而得到业内人士和残疾儿童家庭的广泛认同。

引导式教育强调"全人康复"，通过教育的过程来促进脑瘫儿童全面发展，包括他们的运动功能、生活自理、社会交往、认知、语言等方面。具体实施时，引导式教育是按照儿童的身体状况和心智水平来制订一整天的学习流程，设计有意义、有目的，而且儿童感兴趣的活动。引导式教育强调家长参与到儿童学习、康复的每个环节当中，从而让家长在任何时候、任何场合都能成为儿童的康复教师。

"长江新里程计划"项目是中国残联与李嘉诚基金会长期合作的重点工作和品牌项目，对弘扬人道主义思想和李嘉诚先生"助无助者"的美德，对促进残疾人事业的长远发展，具有十分重要的意义。为了促进脑瘫儿童引导式教育在内地的发展，中国残联长江新里程计划项目办公室（简称"中国残联长江办"）在2007年至2018年期间把脑瘫儿童引导式教育的推广工作纳入"长江新里程计划"（第二期）和"长江新里程计划"（第三期）项目（简称"长江项目"）中，并由中国残联社会服务指导中心负责组织实施。借助长江项目的开展推动脑瘫儿童引导式教育在内地发展，先后有几十家脑瘫儿童康复机构作为长江项目定点单位参与了引导式教育的学习和推广。各项目单位按照要求，认真做好业务培训，不断提升一线教师引导式教育教学的专业能力，积极改善康复教学环境，转变康复教学理念，使"全人康复"的理念逐步得到同行和家长的认同，使广大脑瘫儿童获得了全面康复，取得了广泛的社会效益。

广东省是较早开展脑瘫儿童引导式教育的省份，早在长江项目实施之前，广东省因毗邻港澳的优势，积极与香港有关引导式教育的机构建立联系，率先在残联系统开始了脑瘫儿童引导式教育模式的探索和实践。在长江项目的带动下，广东省残疾人康复中心、东莞市残疾人康复中心经过自身的不断努力、发展，分别被中国残联长江办认定为"引导式教育专业人员上岗考核实习基地""全国引导式教育示范中心"，广东省先后组织完成了多次全国及省级脑瘫儿童引导式教育培训。在广东省残疾人联合会的领导下，以广东省残疾人康复中心、东莞市残疾人康复中心为资源中心，覆盖全省地级市中心及部分县级中心的脑瘫儿童引导式教育业务逐步建立起来，脑瘫儿童引导式教育在广东残联系统得到长足发展。

模式推广，教学为先。为方便一线教师的引导式教育教学工作，2011年，广东省残疾人康复中心组织相关骨干教师，率先建立和施行统一、规范的"引导式教育教学档案"，并在全省脑瘫康复机构推行，使引导式教育教学工作有了统一的规范，受到各康复机构和一线教师的广泛欢迎。

教学档案的规范也带来对从业人员进行规范化的思考。随着脑瘫儿童引导式教育在全国的推广，如何提升机构专业人员引导式教育教学质量和水平，建立引导式教育教学人员评价体系，规范引导式教育教学人员的从业资格，成为专业发展面临的一个挑战。规范康复机构施行脑瘫儿童引导式教育，保护脑瘫儿童的康复权益，促进引导式教育本土化和可持续发展是长江项目的一个很重要的发展目标，因此，中国残联长江办决定在广东省试点实行引导式教育专业人员持证上岗。

2014年9月，在广州举办了"长江新里程计划"（第三期）脑瘫儿童引导式教育项目管理培训班。培训期间，中国残联长江办正式授予广东省残疾人康复中心"引导式教育专业人员上岗考核实习基地"（简称"上岗考核基地"），决定由广东省残疾人康复中心组织专家制订引导式教育专业人员上岗考核标准和实施办法，并具体负责基础知识考试及实践操作能力考核。在被认定为"上岗考核基地"后，广东省残疾人康复中心积极谋划，组织人员认真完成制订考核流程、编写考核标准等与考核相关的事项。期间，"长江新里程计划"脑瘫儿童引导式教育项目顾问郑毓君博士倾注了大量的精力，与广东省残疾人康复中心的行政、教学人员一起不断完善考核方案，使《引导式教育专业人员业务考核指南》（简称《指南》）能够顺利成书。

每期上岗考核都需历经半载，期间考生需要认真准备，先后通过三步考核：录像评核、笔试、实操考核，总成绩合格方能取得相应合格证书，考核的周期长，难度大，涉及康复医学、儿童教育学、儿童心理学等多学科的考核，特别是对考生实操能力的考核要求明确、具体，能全面考查考生对引导式教育这门应用性学科的掌握程度。从2014年11月第一期考核至今，广东省残疾人康复中心先后举办了五期上岗考核。每期考核过后，考核组成员都会认真总结考核过程，不断完善考核细节，积累了大量的考核经验。与此同时，参加考核的各康复机构教师也给予上岗考核高度评价，大家觉得按照考核要求准备考试的过程，就是一个自我提高的过程，进一步增强了引导式教育教学能力。

厚积薄发。历经5年试点工作，引导式教育上岗考核模式渐已成型。总结过去，整理资料，汇集成本书。《指南》详细记录了上岗考核的考核人员与考生的选择标准、各阶段流程安排、各环节考核标准等事项，兼具科学性、实用性，确能为国内同行开展相关工作提供借鉴。鉴于引导式教育在内地尚处于逐步发展阶段，编者经验有限，不当之处，欢迎提供宝贵建议。

成书之际，感谢中国残联长江办、广东省残疾人康复协会和汕头大学继续教育学院作为联合认证机构，监督整个考核过程，保证了上岗考核公开、公平、公正。相信脑瘫儿童引导式教育的明天会更好！

目 录

第一章 筹备考核
第一节 认证机构及上岗考核基地 …………………………………… 1
 一、引导员上岗考核基地任务 …………………………………… 1
 二、技术组成员选拔标准 ………………………………………… 2
 三、考核团工作职责 ……………………………………………… 2
第二节 考核方案 …………………………………………………… 3
 一、考核内容 ……………………………………………………… 3
 二、考题的确定 …………………………………………………… 3
 三、挑选实操考核的评估对象 …………………………………… 3
 四、准备考核场地、工具及参考资料 …………………………… 3
第三节 报考程序 …………………………………………………… 4
 一、考生资格 ……………………………………………………… 4
 二、报考人员所属单位必须具备的条件 ………………………… 4
 三、报考流程 ……………………………………………………… 4
 四、筹备阶段计划进度表（范例）………………………………… 5

第二章 实施考核
第一节 考核方式 …………………………………………………… 7
 一、录像评核 ……………………………………………………… 7
 二、笔试 …………………………………………………………… 8
 三、实操考核 ……………………………………………………… 8
第二节 考核团的职责 ……………………………………………… 8
 一、录像评核 ……………………………………………………… 8
 二、笔试 …………………………………………………………… 9

三、实操考核···9
　　四、考核阶段进度表（范例）···9

第三章　评分
第一节　评分方法··11
　　一、录像评核评分步骤··11
　　二、录像评核评分标准··12
　　三、实操考核评分步骤··13
　　四、实操考核评分标准··13
第二节　考核等级及上岗认证标准·······································15

第四章　公布结果
第一节　成绩公布及颁发证书··17
　　一、合格考生···17
　　二、退考及补考的相关规定··17
第二节　考核汇总··18

结语···20
附件一　考核范围、参考资料与考题范例·································21
附件二　第一、二期考核出题人员名单和简介·························24
附件三　脑瘫儿童实用技能记录表（2016年4月23日修订）·········26
附件四　儿童资料与习作程序设计表··78
附件五　考核人员指引··83

第一章　筹备考核

第一节　认证机构及上岗考核基地

广东省残疾人康复中心（简称"广东省中心"）是经广东省政府批准，于1986年成立的公益性福利机构，隶属广东省残疾人联合会，主要承担残疾人康复服务、残疾儿童的抢救性治疗和康复教育等工作，具体承担全省残联系统内残疾人康复机构的技术指导、社区康复指导及专业技术培训工作，组织实施残疾预防研究、康复科研及国内外学术交流。广东省中心也是"长江新里程计划"脑瘫儿童引导式教育项目的定点机构，于2008年开始推行引导式教育，建立完整的引导式教育系统，并承担全省康复机构引导式教育专业人员的培训任务。因此，李嘉诚基金会授予广东省中心"引导式教育专业人员上岗资格认证考核基地"（简称"引导员上岗考核基地"），负责在全省试行该考核。李嘉诚基金会邀请汕头大学继续教育学院审核考核内容的设计，连同广东省残疾人康复协会与中国残联长江办作为项目的认证机构，对考核合格者共同签发"引导式教育专业人员上岗资格认证考核证书"（简称"引导员上岗资格证书"）。

一、引导员上岗考核基地任务

引导员上岗考核基地负责组织考核团制订引导式教育专业人员上岗考核标准和实施办法，具体负责相关的行政步骤和执行考核。

考核团由行政组和技术组组成：

行政组由广东省中心负责人担任组长，根据考核实习基地行政资源组建行政组，负责筹备报考程序、协助技术组完成考核程序、联系认证机构审核考核结果、颁发上岗证书。

技术组由"长江新里程计划"（第三期）脑瘫儿童引导式教育项目（简称"项目"）技术总顾问担任组长，根据选拔标准挑选主考员和助理考核员（简称"助考员")（两组成员比例为1:2），于考核开始前6个月组成考核组，组织制订考核内容、实施考核、评分、提供考核结果。

二、技术组成员选拔标准

1. 主考员标准：技术组组长负责挑选主考员，并由行政组审定与确认。

（1）具备医疗、康复或教育的相关专业资格。

（2）有超过10年脑瘫儿童康复、教育工作经验，从事引导式教育实践及实操工作不少于6年，且为所属单位引导式教育部的骨干。

（3）曾经参与引导式教育实操指导工作。

（4）曾担任"长江新里程计划"脑瘫儿童康复与残疾预防项目或"长江新里程计划"脑瘫儿童引导式教育项目的培训导师。

2. 助考员标准：

（1）具备医疗、康复或教育的相关专业背景。

（2）具备不少于3年的引导式教育工作经验，目前从事引导式教育工作，为所属单位引导式教育部门的骨干。

（3）以优良成绩取得"引导员上岗资格证书"者优先。

三、考核团工作职责

1. 行政组工作职责：

（1）负责组织考生报名，审核考生资格。

（2）收集考生参加考试的课堂和流程录像送交技术组。

（3）按照保密程序印制考卷，预备笔试和实操场地。

（4）挑选实操考核所需的脑瘫儿童，编排考生考试时间，安排住宿，接待考核团到场考核。

（5）考核前后联系认证机构审核考核团技术组提供的考核内容、评分标准和考核结果，安排发证。

2. 技术组工作职责：

（1）负责出题、制订评分标准，并于考核前将考核题目和评分标准提交认证机构审核。审核通过后，负责笔试和实操的考核、批改考卷并提供考核结果。

（2）考核结果经认证机构确认后作为发证的依据。

（3）技术组组长同时负责与行政组和认证机构的一切联络。

第二节　考核方案

一、考核内容（考核范围、参考资料与考题范例见附件一）

引导式教育的专业人员必须具备基础知识与操作能力。因此，"引导员上岗考核"内容分为基础知识和操作能力两大部分。

1. 基础知识：

（1）脑瘫儿童康复的基本医学理论和引导式教育的基本教学理论。

（2）正常儿童发育的基本规律以及不同类型脑瘫儿童的障碍特点，引导式教育的基本理念、康教整合策略和方法。

2. 操作能力：包括引导式教育评估和教学活动的计划与执行。

（1）根据引导式教育原则对不同类型脑瘫儿童进行大肌能、精细活动、生活自理、认知、沟通和社交方面的评估。

（2）针对各类引导式教育小组的体能和心智特点组织教学活动。

二、考题的确定

由技术组组长邀请脑瘫康复和引导式教育领域的专家及主考员出考题（第一、二期考核出题人员名单见附件二），以保密方式从中抽出部分考题，递交汕头大学继续教育学院确定最终考题。

三、挑选实操考核的评估对象

操作能力考核中的实操考核需要提供脑瘫儿童作为评估对象，为避免部分考生预先认识评估对象而造成不公平，技术组组长负责从三家脑瘫儿童康复机构挑选足够合适的个案，为考生与评估对象预先作配对，避免考生使用所属机构的评估对象进行实操考核。同时，挑选的评估对象可以有不同类型和不同能力的脑瘫，必须情绪稳定，有基本的交往能力。

四、准备考核场地、工具及参考资料

行政组根据技术组制订的考核方案，选择合适的笔试与实操考核场地，并预备实操考核所需物品，提供《脑瘫儿童实用技能记录表》（见附件三）等评估用具，联系技术支持机构，提供考核参考资料与考题录像。

第三节　报考程序

一、考生资格

1. 考生必须具备康复、教育、医学、护理、心理、社工或相关专业的知识。
2. 考生必须已完成脑瘫康复引导式教育基础培训。
3. 引导式教育基础培训（培训 5 日及以上，不包括专题培训）包括：
（1）"长江新里程计划"脑瘫儿童引导式教育项目技术人员基础培训班。
（2）广东省残疾人康复中心举办的引导式教育技术培训班。
（3）东莞市残疾人康复中心举办的引导式教育技术培训班。
（4）香港复康会或香港耀能协会举办的引导式教育技术培训班。
4. 考生在脑瘫康复和教育领域有不少于 2 年的工作经验，考生在所属工作单位承担引导式教育实践工作必须不少于 1 年。

二、报考人员所属单位必须具备的条件

1. 考生所属的康复中心必须推行不少于半天的引导式教育，具备包括课堂与流程的整周计划。
2. 以贯通式团队专业协助模式实行引导式教育，团队中最少包括康复与教育专业人员。

三、报考流程

1. 考核团行政组发通知到实行引导式教育的康复机构，并公告"引导员上岗考核"的大纲。
2. 由残联系统康复机构按要求推荐专业人员参加考核。
3. 被单位推荐的专业人员填写报名表，并附上"引导式教育基础培训证书"等（复印件）、专业资格证明（复印件）、引导式教育工作年限单位证明（原件）、大一寸证件照两张，递交给广东省中心"引导员上岗考核基地"行政组。
4. 考核团行政组审核和确认考生资格后，通知考生所属机构报考成功，并发放考核范围与考核方式的文件。
5. 约 3 个月后，通知笔试和实操考核的时间、地点。

四、筹备阶段计划进度表（范例）

下表为第一期引导员上岗考核《筹备阶段计划进度表》，以供参考：

时段	内容	负责人/机构
2014年7月	引导员上岗考核基地制订"引导员上岗考核"方案，提交认证机构	考核团行政组组长和技术组组长
2014年8月	认证机构确认考核方案	汕头大学继续教育学院、广东省残疾人康复协会、中国残联长江办
2014年9月	1. 组织考核团的主考员与助考员 2. 行政组发报考通知	技术组组长、行政组
2014年10月	1. 行政组审查考生资格，通知接受报考，发放考核范围与方式的文件 2. 技术组制订考核试题和评分标准，提交认证机构确认试题和评分标准 3. 邀请技术支援机构提供参考书籍和试题所需录像	行政组和技术组
2014年11月	1. 认证机构确认试题和评分标准 2. 挑选提供实操考核评估对象 3. 物色合适的笔试与实操考核场地 4. 预备实操考核所需用具	汕头大学继续教育学院、行政组和技术组组长

第二章　实施考核

第一节　考核方式

按照"项目"确认的考核方案，考核内容包括基础知识与操作能力，考核方式以录像评核、笔试、实操考核进行。

基础知识考核主要以笔试的形式进行，采取录像分析、单项选择题和应用问答题等题型，以考核考生对基础知识的掌握、理解，以及运用相关知识分析问题的能力。

操作能力考核主要采用实际操作的形式，分三部分：录像评核、实操考核及现场提问，以考核考生带教、组织与诱发技巧，与儿童互动的能力与态度。要求按照操作能力考核的表现提问，以考核考生的分析及应用基础知识的能力。

一、录像评核

录像评核是针对考生于引导式教育的课堂与流程的带教与诱发技巧，同时评核考生能否按照儿童的能力与训练目标，以引导式教育的原则设计课堂与流程。因此，利用录像拍摄考生平常的带教情况，考生在熟悉的工作环境面对熟悉的儿童，能反映其真正的能力。考生须在统一考试日的2个月前提供两段录像：

1. 考生担任第一引导员的习作程序录像（30分钟）。录像内容须为最近3个月的教学内容，并必须展示整个教学过程。

2. 考生担任带领流程的角色的流程录像（15分钟），考生必须展示亲自诱发最少一名儿童进行流程中的活动。录像必须显示进行流程的整体环境布局。

3. 考生须同时提交录像中的习作程序设计表、该小组的儿童资料与训练目标电子版（《儿童资料与习作程序设计表》模板见附件四）。技术组从提交的录像中取两张截图，作为个别考生现场提问的部分考试材料。

二、笔试

笔试主要是基础知识的考核。试题分成三部分：录像分析题、单项选择题和应用问答题。为确保公平，录像分析题的录像取自考生所属单位以外的技术支援机构。三部分试题的占比为：录像分析题占 12.5%，单项选择题占 50%，应用问答题占 37.5%，考试时间为 2 小时。

考核前，试卷由技术组组长与行政组人员以保密方式印制与保存，考核当天由行政组人员与技术组组长监考。

笔试完毕，技术组组长收集考卷，并于 1 个月内安排批改（见第三章）。

三、实操考核

考生现场评估一名脑瘫儿童，考核考生对引导式教育评估方法的掌握，与儿童互动能力，以及贯通专业的能力展现。因此，考核组组长根据考生的专业背景，按照"项目"所使用的《脑瘫儿童实用技能记录表》（附件三）分配评估领域。每个考生评估两个领域，一个与考生的专业相关的及一个没有直接关联的（例如，教师专业进行认知和生活自理两个领域的评估）。分配评估对象时遵循回避的原则，避免考生评估所属机构的脑瘫儿童。统一考核日期前一个月，通知考生实操评分标准，以便考生作准备。考生于应考前一天，由行政组提供评估对象的名字与年龄及评估的领域，其他有关儿童的资料保密。考生于应考前由行政组安排预先了解实操考核场地，熟悉评估用具。

每个考生分配 1 小时实操考核时间，其中 30 分钟评估儿童，余下的 30 分钟整理评估资料与现场提问，回答录像评核的问题与评估分析的提问。每个考生由一名主考员和两名助考员监考（监考步骤见附件五）。考生完成实操考核后必须离开考场，不能接触轮候考核的考生，以确保公正。

第二节 考核团的职责

考核团行政组与技术组组长在三部分的考核过程中必须互相配合，保证公平公正。

一、录像评核

在录像评核部分，行政组除了收集录像，先行测试确认光盘播放无误后才转交于技术组组长做评分的安排（见第三章），还要提供考生背景资料，以便技术组组长在分配考核员评分时能避嫌。行政组确保所收集的录像不作其他用途。

二、笔试

在笔试部分，行政组负责安排考场，确保具备计算机、投影及声音播放设备，环境舒适、安静并有利于考试，还需安排足够人员现场协助考试过程。技术组组长负责编印试卷及确保试题保密，并在笔试期间回答考生对试题的疑问。

三、实操考核

在实操考核部分，行政组与技术组组长共同分配评估对象，并编排考核时间。配对考核员与考生时，也以公平公正的原则来处理。

行政组按照实操考核范围，由技术组组长指导，预备场地、用具，包括备考室1间（提供给候考的考生休息），考核教室若干（按照考核人员和考生数目定数量，30名考生一天考核需要4间），考核评估材料5套。

实操考核前，行政组组长组织考核会议，由技术组组长向考核员介绍考核程序（附件五），并详细解释每个评分标准。

实操考核进行时，行政组安排现场拍录，以便技术组组长在需要的时候，核对评分结果，或考生对评分结果提出疑问时，可以翻查记录。

四、考核阶段进度表（范例）

下表为第一期引导员上岗考核《考核阶段进度表》（以供参考）。

时段	内容	负责人/机构
2014年10月	通知考生递交带课和流程录像，由行政组收集，递交技术组（最后限期11月19日）	考核团行政组和技术组
2014年11月	1. 提醒考生递交录像最后限期 2. 技术组录像评核会议，解释评核标准及分配技术组成员组成评分小组 3. 评分小组评核录像和现场提问	考核团行政组和技术组
2014年12月	1. 编排考试日程和通知实操考核评分标准 2. 安排实操考核考生与评估对象的配对及考核时间 3. 检定实操考核所需的评估用具 4. 技术组成员实操考核流程会议	考核团技术组和行政组
2015年1月	1. 按照保密机制印制考卷 2. 考核日期：2015年1月21日至23日	考核团行政组和技术组

第三章 评分

第一节 评分方法

"引导员上岗考核"包含三个考核部分：录像评核、笔试及实操考核，其中录像评核 30 分，笔试 40 分，实操考核 30 分，总分 100 分。三部分的评分由考核团技术组各成员共同负责。笔试阶段，技术组组长依据标准答案来评分，标准答案由编写试题的考核人员提供。录像评核与实操考核阶段，由技术组组长编配成员，组成不同评分小组进行评分。为确保评分客观公正，每个评分小组由一名主考员和两名助考员组成，最少包含康复和学前教育两类专业人员。

一、录像评核评分步骤

录像的评分标准由考核团技术组组长起草，再由出题考核人员（附件二）提供修改意见，确立标准后，由认证机构汕头大学继续教育学院审核通过。

为使各评分小组对评分标准理解一致及确保评分者之间的信度，在评分前技术组组长组织全体评分小组，解释评分标准，并抽取其中一套考生提交的录像，共同评分，以使各考核成员能掌握标准，提高信度。

考生提交的录像按照避嫌原则，由非同属单位的评分小组进行评分。各评分小组除了评分，也对录像中的课堂与流程提供评语。评分小组同时给录像相应的习作程序设计和儿童资料评分，技术组组长收集评分结果后，有责任抽查部分录像，确保评分的准确性。

录像分析现场提问于实操考核时进行，由实操考核小组评分，录像评分小组预先提供截图和参考答案，以确保评分的准确性。

二、录像评核评分标准

1. 分数分配：教学设计与录像操作能力占 25 分，录像分析现场提问占 5 分。
2. 录像与教学设计评分表：见下表。

考生姓名：		考评员姓名：	
一、教学设计评分标准（总分10分）			
1 分：少于 30% 吻合			
2 分：30%～50% 吻合			
3 分：50%～70% 吻合			
4 分：70%～100% 吻合			
项目		评分	比例分
1. 小组目标与该组儿童的学习需要和能力			
2. 习作程序的目标符合该类习作程序的特点			
3. 习作程序的编排符合该类习作程序的特点			
4. 习作程序的学习内容符合该组儿童的学习目标、能力与心智			
5. 习作程序设计包涵整合学习内容			项目总分/2
	总评分		
二、录像操作能力评分标准（总分15分）			
1～3 分：少于 30% 的时间做到			
4～7 分：30%～70% 的时间做到			
8～10 分：80% 以上的时间做到			
范畴	项目	评分	比例分
课前预备	1. 能提供完整和准确的儿童背景资料		
	2. 提交的习作程序教案完整并与录像的课堂吻合		
带课和流程技巧	3. 能诱发儿童学习动机及反应		
	4. 能为每个儿童提供参与机会		
	5. 能恰当运用节律性意向		
	6. 能善用小组互动的作用		
	7. 能关注个别儿童的活动表现从而做出恰当的提示和诱发		
	8. 能于自然情境中给予协助者/家长清晰恰当的提示与指导		
	9. 能营造愉快的小组学习气氛		
组织技巧	10. 习作程序的实践时间分配恰当		
	11. 整个教学活动的节奏符合该组儿童的学习能力		
	12. 教具的运用配合教学活动的目的		
	13. 教室的家具与用具的布置符合教学活动的需要		
	14. 流程活动的用具符合儿童训练目标和能力		
	15. 流程环节进行流畅		项目总分/10
	总评分		

3. 各评分小组就所提供的录像、教案和儿童资料，做出评语，供考生参考，改善其带教和制订训练计划的能力。

评语范例：

评语：			
课堂：考生能提供完整的儿童背景资料；提供的习作程序教案完整并与录像的课堂吻合；在课堂中能诱发儿童学习动机及反应，并能提供每个儿童参与学习的机会；整个教学活动的节奏符合该组儿童的学习能力；教室的家具与用具的布置符合教学活动的需要。建议：整节手部课有两个儿童带手扎，限制了儿童手部主动操作的能力。未能在自然情境中给予协助者或家长清晰恰当的提示与指导。考生做示范使用的桌子有点高，不适合儿童的视觉高度。			
流程：考生所带领的流程比较流畅。建议：该组儿童的能力比较差，在擦手流程中要要求儿童一手固定一手活动。在口肌按摩中，要提醒家长或辅助人员注意儿童双手及头的摆放位置。用按摩球和小牙刷时语速及动作比较快，适当减慢速度让儿童能放松。考生最好能辅助一名儿童，要针对不同能力的儿童做差异化指导。			
教学设计	8.5 分	操作能力	10.7 分

三、实操考核评分步骤

实操考核时，由主考员和助考员组成实操考核小组进行考核，考核小组依照贯通专业和公平公正的原则编配。主考员与助考员编配原则及评分参考附件五。原则上，实操考核小组人员组合与录像评核评分小组的人员组合不完全相同，目的是让一名考生有机会由多名考评员给予操作能力的评分，减少主观因素的影响。

四、实操考核评分标准

实操考核评分包括评估技巧和评估分析两部分，共 30 分。评估技巧占 20 分，评估分析占 10 分。

1. 评估技巧评分标准（总分20分）

评分标准

1~3 分：少于30% 时间做到

4~7 分：30%~70% 时间做到

8~10 分：80% 以上时间做到

范畴	项目	评分	比例分
互动/亲和力	1. 能运用适合的声线、语气和表情		
	2. 能按儿童的情绪调节互动方法		
正面方式进行评估	3. 能让儿童有成功的经历		
	4. 能让儿童表现其实际的能力		
熟悉评估项目和步骤	5. 能挑选合适的评估工具		
	6. 能合理安排评估活动的次序		
	7. 能组织相应的评估环境（包括使用相应的评估工具）		
	8. 能依据儿童发展的程度给予恰当的提示		
	9. 熟悉每个评估项目的内容		
	10. 能掌握评估时间		项目总分/5
		总评分	

2. 评估分析口试题目建议（总分10）

题目	考生提供的答案	评分
1. 该儿童属于哪类脑瘫？（1分）		
2. 该儿童缺乏哪些基本动作模式？（1分） （个别问原因）		
3. 以上所缺乏的基本动作模式中，哪些是该儿童最关键及必须学习的？（2分）		
4. 针对所评估的两个范畴，每个范畴指出一个功能发展的问题（4分） （需要解释怎样体现）		
5. 针对每个范畴，建议一个短期训练目标（2分） （是否用词正确）		
	总评分	

3. 实操考核小组于即时评分后提供评语，作为技术组组长考查评分的依据。

评语范例：

评语：评估过程中说太多话分散了儿童的注意力。当儿童在进行手部测试活动的时候，没有全程观察儿童，而在预备下一个测试活动。对评估内容不熟悉，评估次序混乱，有时错误使用评估工具。			
评估技巧	10.4 分	评估分析	4.5 分

第二节　考核等级及上岗认证标准

考核结束后以考生录像评核、笔试、实操考核三项总分来评定考生的考核等级，标准如下：

不合格：低于 60 分

合格：60~74 分

良好：75~84 分

优秀：85 分及以上

取得合格及以上等级的考生可获得由中国残联长江办、广东省残疾人康复协会和汕头大学继续教育学院联合颁发的"引导式教育专业人员上岗资格证书"。

第四章　公布结果

第一节　成绩公布及颁发证书

技术组组长组织本组成员在考核后 3 个月内完成录像、实操、笔试的各项评分工作，由技术组组长汇总成绩后送行政组组长，行政组 1 周内报送成绩至各认证机构确认；确认后由行政组通知各考生所属单位，同时告知考生考核等级及评语。

一、合格考生

行政组根据考核结果分别向广东省残疾人康复协会、汕头大学继续教育学院与中国残联长江办通报，并将"引导式教育专业人员上岗资格认证考核证书"送到以上 3 个单位盖章认证。

完成盖章认证后，由考核实习基地向相关机构发文公布考核成绩，并将证书寄送到考生所在单位。

二、退考及补考的相关规定

行政组审核通过的考生，原则上要按照考核安排积极备考，准时参加考核。确因个人原因选择退考，须本人提出申请并由所属单位盖章确认提交行政组，行政组根据实际情况予以批复。未获得行政组批准擅自退考者，今后将不再接受其报名考试。

考核未通过的考生，原则上可以参加下一年度考核，第二次考核仍然未通过者，5 年内将不再安排其参加考核。

第二节　考核汇总

　　资格考核提供了很好的平台来了解相关专业领域的发展阶段及需要，因此，考核团技术组组长汇总考核成绩与考生的资料，对相关记录资料进行综合分析后，形成最后评估意见，并向"引导员上岗考核基地"及"项目组"反馈，以促进"项目"的发展。以下为两期的考核汇总，可以作为范例。

第一期考核汇总

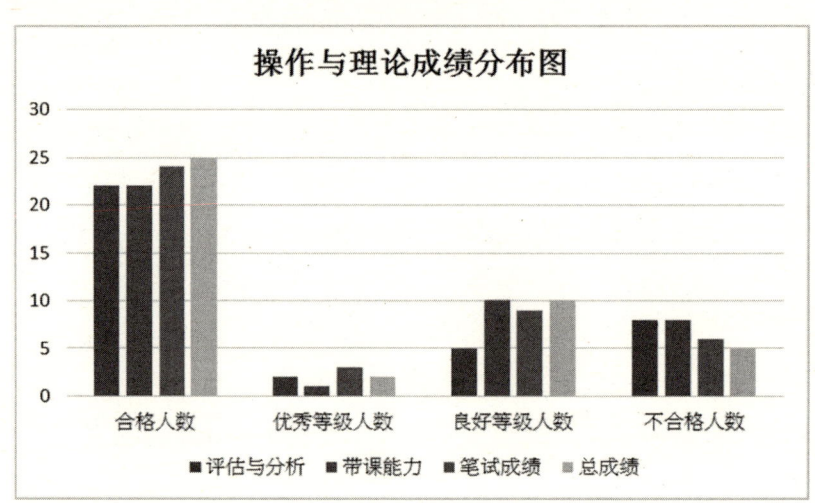

总成绩总览		
合格*	83.33%	25人
优秀	6.67%	2人
良好	33.33%	10人

＊：含优秀和良好

考生专业统计			合格率	合格人数
康复、医护相关专业	66.7%	20人	90%	18人
教育专业	23.3%	7人	86%	6人
其他	10%	3人	33%	1人

　　此期考核的合格率及各部分成绩显示：考生在基础知识和操作能力上表现平均和满意，评估与分析的成绩略低，但不算显著，而考生以康复、医疗和护理专业为主。考生的专业分布有两个可能性：

1. 引导式教育被定位为接近康复专业，故康复、医疗和护理专业人员比较踊跃或比较有信心参加考核。

2. 教育专业人员参与引导式教育工作人数较少或年限较短。

因此，引导式教育在广东省的发展必须要加强教育的元素，并鼓励教育专业人员参与。

第二期考核汇总

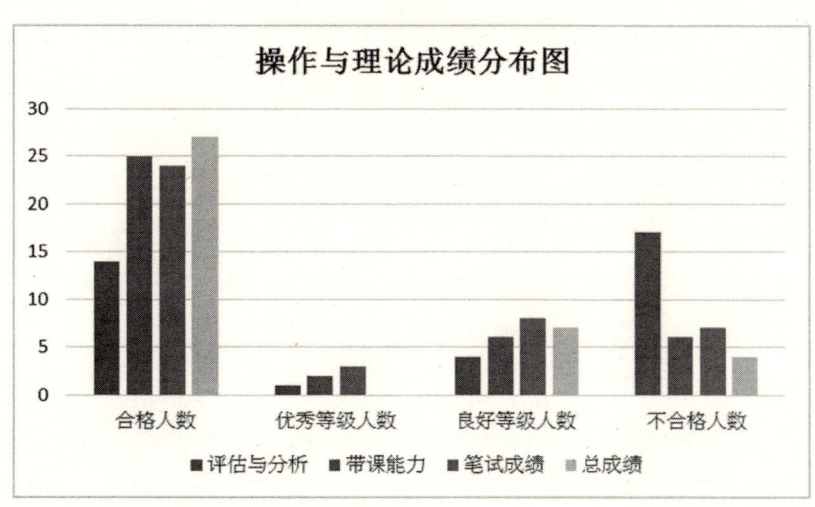

总成绩总览		
合格*	87.10%	27人
优秀	0.00%	0
良好	22.58%	7人

*：含优秀和良好

考生专业统计	参考人数	合格率	合格人数
康复医护相关专业	19	84%	16
教育专业	10	90%	9
其他	2	100%	2

此期合格率比上期略高，而评估与分析的成绩比其他两项显著低，上期的考核汇总也有此现象，虽然不显著。因此，从"项目"的发展方向来看，必须考虑增强评估与分析方面的培训。此次参加考核的教育专业人员数量增加，考核成绩比康复、医护专业略高，说明上期提出的现象有所改善。

结　　语

　　脑瘫儿童引导式教育的施行与发展有赖于高素质的贯通式专业团队，为保证专业人员的质量，"引导员上岗考核"需要负责的考核团认真计划、公正执行。广东省残疾人康复中心作为上岗考核基地，通过组建考核团队，明确分工，行政组与技术组认真计划考核程序，详细考虑执行细节，以达到考核公平公正。考核内容与方式按照引导式教育整合的理念来设计，考核内容不分割专业范畴，理论与实操并重，体现了引导式教育的专业特点。认证机构涵盖项目管理部门、专业认证部门和高等学院，提高了"引导员上岗考核"的权威性。

　　《引导式教育专业人员业务考核指南》详细介绍了广东省中心"引导员上岗考核基地"举办两期"引导员上岗考核"的程序和内容，解释了相关原则，为其他省份开展"引导员上岗考核"提供了依据和标准。

附件一：

考核范围、参考资料与考题范例

一、考核范围

（一）基础知识

1. 正常儿童发育的基本规律，包括体能、认知、语言和社交发展，以及各领域整合发展的原则。

2. 脑瘫的定义、脑瘫儿童的症状、脑瘫分类及伴随的问题、脑瘫儿童的发展特质、脑瘫儿童的基本动作模式、脑瘫儿童粗大运动功能分类系统（GMFCS）、徒手能力分类系统（MACS）、沟通功能分类系统（CFCS）、脑瘫儿童的肌能发展与步态分析、脑瘫儿童基本辅助器具的选择和使用、脑瘫的口肌问题与训练、非口语沟通的基本概念。

3. 引导式教育的基本理论：引导式教育的理念和原则、引导式教育基本元素的定义和相互关系、引导式教育康复计划流程、评估和制订目标的原则、教学主题的应用、编写习作流程的原则和重点、节律性意向的编写和应用、引导式教育教具和环境的设计、家长工作的概念和方法、应用引导式教育的原则、依据所提供的个案资料分析儿童的能力与困难并制订学习目标。

（二）操作能力

1. 评估儿童：按《脑瘫儿童实用技能记录表》及儿童的认知与社交发展，对一名脑瘫儿童进行评估及分析。评估时间30分钟，口试15分钟。

2. 教学设计与施行：考生于所服务机构为一个小组编写一节习作课，准备教具、辅具及安排环境，同时作为第一引导员带教该组儿童一节习作课（30分钟）及流程（15分钟），拍摄相关录像于考核日期前2个月送交考核团，并在考核时回答与录像相关的问题。

二、参考资料

1. 脑瘫儿童引导式教育－引导式教育基础课程培训教材：教与学（郑毓君、曹丽敏，华夏出版社，2012年2月）

2. 引导式教育－伴儿同行：运动障碍儿童康复训练手册（欧安娜、余雪萍、香港复康会，2012年3月）

3. "长江新里程计划"（第二期）脑瘫儿童康复与残疾预防项目和"长江新里程计划"（第三期）脑瘫儿童引导式教育项目举办引导式教育培训班建议与参考资料

4. 脑性瘫痪的外科治疗第一、二章（秦泗河等，人民卫生出版社，2008年9月）

5. 吞咽障碍（柯雅忍，香港复康会，2008年2月）

6. 让我们沟通（香港复康会，2007年2月）

三、考题范例

（一）录像分析题

请仔细观看录像片段，然后作答。

在录像里，成人协助孩子的方法错误，请列出正确的方法和步骤。（1分）

（二）单项选择题

习作程序包含哪些必须的元素

Ⅰ．功能的学习目标　　　Ⅱ．儿童感兴趣的游戏　　　Ⅲ．重复的动作练习

Ⅳ．小组里儿童互相模仿的机会　　　Ⅴ．主题　　　Ⅵ．节律性意向

Ⅶ．木条台与梯背架　　　Ⅷ．活动的步骤分析

A．Ⅰ、Ⅱ、Ⅲ、Ⅳ、Ⅴ、Ⅵ
B．Ⅰ、Ⅱ、Ⅲ、Ⅵ、Ⅶ、Ⅷ
C．Ⅱ、Ⅲ、Ⅴ、Ⅵ、Ⅶ、Ⅷ
D．Ⅰ、Ⅱ、Ⅳ、Ⅴ、Ⅵ、Ⅷ
E．以上皆是

答案：_____

（三）应用题

小乐，4岁，男生。学习能力：轻微落后于同龄儿童；脑瘫类型：下肢痉挛；GMFCS Ⅲ级；MACS Ⅱ级；CFCS Ⅰ级。

小乐运用后置助行器能独立在室内行走，他喜欢快走，脚跟就不着地。在户外不平的路面，需要成人少量协助移动助行器。上下楼梯时，需要双手扶着栏杆。X 线片显示右侧髋关节有轻微脱位。

小乐喜欢独自玩拼砌的玩具，不喜欢跟从指令，刚参加引导式教育 1 个月。

请根据小乐的情况，为他制订以下范畴的学习目标并解释原因。

甲、粗大运动功能范畴：一个长期目标（一年）（0.5 分）和两个相应的短期目标（半年）（2 分）

乙、社交范畴：一个长期目标（一年）（0.5 分）和两个相应的短期目标（半年）（2 分）

附件二：

第一、二期考核出题人员名单和简介

成员名单	学历与专业资历	出题范围
郑毓君博士	英国莱斯特大学教育博士 澳洲昆士兰大学教育硕士 澳洲科廷大学研究生文凭（儿童发展） 国际彼图学院荣誉引导员 香港专业注册物理治疗师 前香港耀能协会赛马会方心淑引导式教育中心主任暨高级物理治疗师 香港复康会中国及国际部康复顾问 长江新里程计划（第二期、第三期）脑瘫引导式教育项目技术总顾问	儿童发展 脑瘫发展特质 引导式教育理念、评估与课堂及流程设计
黄励燕医生	香港中文大学内外全科医学士 英国皇家内外科院士 香港医学专科学院院士（儿科） 香港儿科医学院院士 香港儿童体能智力测验中心高级医生 香港耀能协会赛马会方心淑引导式教育中心顾问	脑瘫分类与发展特质 儿童发展
刘佩香女士	香港专业注册物理治疗师 香港理工大学卫生保健科（物理治疗）硕士 香港儿童体能智力测验中心高级物理治疗师 香港大学康复治疗学系兼职实操教授 前香港耀能协会特殊幼儿中心物理治疗师	脑瘫粗大功能发展特质 脑瘫儿童运动功能的评估和训练 脑瘫儿童的矫形用具

附件二：第一、二期考核出题人员名单和简介

成员名单	学历与专业资历	出题范围
欧杨财金博士	香港医务卫生处义肢及矫形学文凭 香港理工大学康复科技硕士 香港理工大学医疗科学博士 威尔斯亲王医院义肢及矫形部部门经理 新界东医院联网义肢及矫形服务统筹经理 香港理工大学义肢及矫形学系客席讲师 香港中文大学矫形及创伤学系客席讲师	脑瘫儿童的矫形用具辅助器具的设计原则
陈小碧女士	香港中文大学辅导硕士 香港中文大学学前教育荣誉学士 香港公开大学儿童心理学文凭 香港大学学前教育校长课程证书 香港理工大学弱能儿童课程证书 香港理工大学社会服务证书（发展迟缓） 前香港耀能协会赛马会方心淑引导式教育中心高级幼儿老师	儿童发展 脑瘫认知评估与训练 引导式教育理念、评估（认知与社交）与课堂及流程设计
袁月明女士	香港理工大学卫生保健科（发展障碍）硕士 香港大学言语及听觉科学一级荣誉学士 专业口肌评估和训练证书（PROMPT，BECKMAN，Vita Stim，DPNS） 香港粤语评估量表认可考核员 前香港耀能协会赛马会方心淑引导式教育中心言语治疗师 香港耀能协会田绮玲学校言语治疗师	脑瘫儿童口肌问题评估与训练 脑瘫儿童言语发展与训练 引导式教育理念、评估（沟通与社交）与课堂及流程设计
谢秀玲女士	香港理工大学职业治疗学理学士 香港城市大学社会工作文凭 香港注册职业治疗师 香港注册社工 香港复康会国际与中国部职业治疗师	脑瘫儿童手部发展评估与训练 引导式教育习作程序设计（手部与生活自理）
王俊杰先生	香港理工大学康复治疗科学系职业治疗专业证书 澳洲 Southland College 教育硕士 前香港耀能协会特殊幼儿中心职业治疗师 前香港耀能协会特殊学校职业治疗部门主管 香港房角石协会特殊儿童康复项目（湖北）项目主任	脑瘫儿童手部发展评估与训练 脑瘫儿童书写评估与训练 引导式教育习作程序设计（手部与生活自理）

附件三：

脑瘫儿童实用技能记录表

（2016 年 4 月 23 日修订）

目 录

- 一、使用指引 ··· 28
- 二、挛缩及变形 ··· 30
- 三、大肌能活动 ··· 32
    1. 坐凳活动 ··· 32
    2. 木条台/席上活动 ··· 33
    3. 站立活动 ··· 36
    4. 步行活动 ··· 38
    5. 进阶体能活动 ·· 39
    6. 基本动作模式 ·· 41
    7. 认知、意向 ··· 41
- 四、精细活动 ··· 42
    1. 肌能性活动 ··· 42
    2. 功能性活动 ··· 43
    3. 认知、意向 ··· 45
- 五、自理活动 ··· 46
    1. 进餐行为 ··· 46
    2. 如厕 ··· 47
    3. 梳洗 ··· 48
    4. 穿衣 ··· 49

附件三：脑瘫儿童实用技能记录表（2016年4月23日修订）

六、沟通能力 ··· 51
 1. 语前能力 ·· 51
 2. 语言理解能力 ··· 52
 3. 表达能力 ·· 52

七、社交能力 ··· 53
 1. 环境适应 ·· 53
 2. 与照顾者的关系 ··· 53
 3. 与朋辈的关系 ·· 54

八、认知学习 ··· 55
 1. 感官认知 ·· 55
 2. 自我概念 ·· 56
 3. 对象概念 ·· 57
 4. 玩耍技巧 ·· 57
 5. 抽象概念 ·· 57

认知能力记录表 ··· 59
社交能力记录表 ··· 69
语文—表达能力记录表 ··· 74

一、使用指引

（一）目标

1. 作为一个评估工具，了解儿童在不同范围的发展及能力。
2. 作为编订训练计划的参考指标。
3. 定期记录及提供个别儿童在各方面发展的数据。

（二）评估方式

1. 记录表内的项目可通过直接测试或在生活常规中的观察去评估儿童在该项技能中的表现。
2. 记录儿童在一般情况下的表现。

（三）使用次数

1. 至少每学年2次。
2. 入园1个月内为新生填妥此表。

（四）评分及记录方式

1. A1~A7代表7次的评估。
2. 采用五级评分制度：

"0"需要全面的协助。

"1"有些主动，但需要许多体能上的协助。

"2"主动做，只需少量体能上的协助。

"3"能在监督下或口头指示下完成。

"4"全面独立，无需任何协助。

"NA"不适用（例如：实际年龄未及的项目）。

"左右"如果左右肢的功能程度有差距，必须分别记录两侧的功能程度。

3. 与时间或距离有关的项目，在儿童能独立地进行该项目时才填写。记分采用该项目下面的4，5，6评分标准。
4. 每一个活动范畴下的"认知及意向评估"采用0，2，4评分标准。
5. 有"※"的项目为总项目，需对该总项目的整体表现评分。

以下各部分如有使用辅助器具（如绑带、脚托、特别扶手），请在图表内填写该项目编号及器具名称：

附件三：脑瘫儿童实用技能记录表（2016 年 4 月 23 日修订）

项目	A1	A2	A3	A4	A5	A6	A7
坐活动							
木条台/席上活动							
站立活动							
步行活动							
进阶体能活动							
精细活动							
进食进饮							
如厕							
梳洗							
穿衣							

二、挛缩及变形

身体部分		动作幅度（+ 正常　↓减少　↑过多）		A1	A2	A3	A4	A5	A6	A7
上肢	肩关节	举高（180°）								
		分开								
		交臂								
	手肘	伸直（0°）								
		外旋（80°）								
	手腕	背向屈曲（80°）								
	手掌	握拳头								
		张开								
	大拇指	分开（70°）								
下肢	髋关节	伸直（0°）								
		分开（45°）								
	膝关节	伸直（25°）								
	脚踝背向	背向屈曲（15°）（伸直膝关节）								
	髋关节脱位	MP 值——%	X 线片							

华夏出版社隶属于中国残疾人联合会，自1986年成立以来，秉承"传播人道主义，弘扬华夏文化"的办社宗旨，以残疾人事业发展为己任，在康复医学、特殊教育、残疾人作品等多个领域出版了大量的优秀图书。

高等医学院校康复治疗学专业教材（第二版）

本套教材是临床和教学经验十分丰富的康复医学界人士在总结了多年康复医疗临床和教学经验的基础上，完成的一项富有挑战性和创新性的工作，是国内校全面、详尽论述康复治疗学的专业著作。

中国康复医学（第二版）

卓大宏/主编　185.00元

内容全面，系统，深入的大型专著工具书

本书系统介绍了现代康复理论和原则、医疗组织和管理、残疾预防与社区康复、现代康复功能评定的各种方法、各种特殊康复治疗和训练的方法与运用，常见伤残和创伤的康复处理、常见损伤与疾病的康复治疗等内容。

图解脑瘫康复技术与管理

陈旭红/主编　50.00元

本书上篇介绍脑瘫康复的概论和临床表现、介绍康复有机构建设、各种康复训练技术、支具等，中篇介绍脑瘫康复治疗技术，下篇介绍脑瘫康复训练档案及医学处理。图文并茂，可操作性强，既可作为医务及院校教学参考书，也可作为脑瘫患儿以及家属开展家庭康复的科普教材。

脑瘫的现代诊断与治疗（第二版）

卢庆春/主编 2020年1月

本书系统介绍了小儿脑瘫的国内外诊断治疗进展，以及应用于临床及儿童保健的神经生理发育检查法，并详细介绍了著名脑瘫康复专家30余年治疗经验结晶"卢庆春十法"。

粗大运动功能测量（GMFM-66和GMFM-88）使用手册

Gross Motor Function Measure (GMFM-66 and GMFM-88) User's Manual 59.00元 2015年2月

[加]Dianne J.Russell 等著　燕铁斌 等/译

本书包括了GMFM-66和GMFM-88的评估内容，同时开发了粗大运动功能评估器（GMAE安装光盘）。为康复医师、治疗师对脑瘫儿童运动障碍得到的评测提供了更具客观、简洁便利的方法。

脑瘫：从诊断到成年生活

Cerebral Palsy From Diagnosis to Adult Life

Peter Rosenbaum　Lewis Rosenbloom/著

魏国荣/主译 2020年6月

本书是脑瘫诊断、治疗、康复的经典图书。内容详实，符合临床需要，涵盖了从幼儿一直到成年阶段的评估、诊断、干预和治疗方法、生活的过渡等可能功能活动。

神经发育性障碍儿童和青少年康复疗效与生活质量

Life Quality Outcomes in Children and Young People with Neurological and Developmental Conditions

Gabriel M Ronen　Peter Rosenbaum/著 魏国荣/主译

本书详细阐述了儿童及青少年期神经系统发育障碍的康复、生活问题、环境因素、评估与测量、干预方法，以及提高神经发育问题的成人的健康与生活质量等。

图解脑瘫康复技术

图解特殊坐位与座位（修订版）

Special Seating:An Illustrated Guide

[美]Jean Anne Zollars/著　张金明　张玉阁/译 66.00元

本书是系统介绍座位/移动系统的康复图书，配以大量精细插图和案例，是康复治疗专业人士及特殊座位设计、制作者的综合指南，领域的必备书。

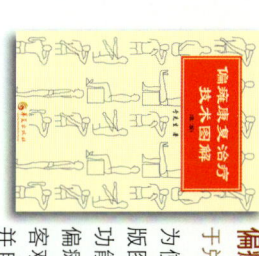

偏瘫康复治疗技术图解

于兑生/主著　100.00元

为便康复治疗进一步缩短疗程、提高疗效，本书图解中增加了如何使用著者亲手设计的认知功能评价训练仪、步态矫治仪、良肢位应用具及偏瘫康复用系列支具等设备格化，在客观评价的基础上制订针对性的训练方案，并且补充了巩固训练效果的内容。

中风康复手把手——脑卒中家庭必备手册

王拥军/主编 25.00元

从实际案例入手，从细节提供指导。北京市"养生堂"专家、北京中西医结合康复科主任　教授亲笔作，重点介绍了脑卒中后遗症患者的康复方法，涉及饮食、家庭护起居、功能康复等。

水中运动疗法手册

The Practical Guide to Hydrokinesitherapy

侯曼晖　王琲/主编 39.00元 2017年1月

大陆首本水中运动疗法图文详解

本书介绍了水中运动疗法基础理论、组织与实施、常用关节活动度训练、平衡耐力训练、改善关节活动度训练、肌力训练、水中康复体操、游泳康复训练、功能康复及国外常用水中运动疗法、体育游戏和仪器设备等。

康复医学图书系列
——重点推荐

读者服务部 13693281783
微店客服 13811159294（同微信）
新浪微博 华夏出版社医学部
投稿信箱 medicine@hxph.com.cn
官方网站 www.hxph.com.cn
天猫旗舰店 hxcbs.tmall.com
联系地址 北京市东直门外香河园北里4号

华夏康复微信平台

精神·心理｜包祖晓系列

学习睡觉：心理治疗师教你摆脱失眠的折磨
Learning to Sleep: A Psychotherapist Guide You to Get Rid of the Insomnia
59.00元　2019年3月
献礼 世界睡眠日

包祖晓，医学博士，现任浙江省台州医院精神卫生科主任。
从"心"入手，深入剖析人的"存在性"，不过度诠释，不过度推演，把与神经症有关的精神医学知识、心理学知识，与禅学知识结合。

作者以自己长期治疗失眠的临床实践为依托，在书中提出了许多不同于传统认识的新观点，还提出了许多切实可行的非药物治疗方法，附以大量心理治疗案例。

禅疗四部曲

"健康中国2012十大风尚人物"
北京中医药大学博士
罗大伦
倾力推荐

与自己和解
用禅的智慧治疗神经症
39.00元

唤醒自愈力
用禅的智慧疗愈身心
39.00元

做自己的旁观者
用禅的智慧疗愈生命
39.00元

过禅意人生
存在主义治疗师眼中的幸福生活
59.00元

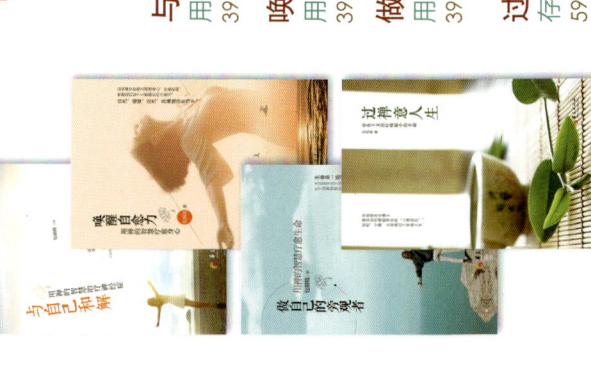

权威解读·脑瘫儿童引导式教育

长江新里程计划项目办公室　中国康复科学所　组织编写

脑瘫儿童引导式教育与学（第二版）
中国残联社会服务指导中心／主编
169.00元　2019年10月

本书阐述了引导式教育的基本理念、原则和框架，并在实践篇中详细讲解了引导式教育教学计划制订、评估方法、习作程序编排、节律性定向编制原则和家长培训等内容。

引导式教育专业人员业务考核指南
中国残联社会服务指导中心　广东省残疾人康复中心／主编　49.00元　2019年10月

"长江新里程计划"脑瘫儿童引导式教育项目在广东省残联系统内试行引导员上岗考核，逐步完善专业人员持证上岗制度，以资全国各地学习借鉴。本书包括筹备考核、实施考核、评分与公布结果等。

家长工作锦囊
中国残联社会服务指导中心／主编　59.00元　2019年10月

提供家长工作的具体方案范例，不重复解释引导式教育的基本理念与施行措施，主要讲述脑瘫儿童家长如何帮助孩子康复就业人学生活自理等，详细全面，索例丰富。

北京市高等教育精品教材

记忆空了,爱满了:陪爸爸走过失智的美好日子

周贞利/著 40.00元 2017年1月

本书是失智症家属亲笔写下的故事与经验,献给所有子女,以及在照顾路上不孤单的你。这是勇气与泪水的真情告白,3700多个日子的亲身照护陪伴,以爱与信念一步步摸索出温暖可行的照护方式。

一天36小时:痴呆及记忆力减退病患家庭护理指南(第五版)

老年失智家庭护理必威读本

The 36-Hour Day

[美]Nancy L.Mace, Peter V.Robins/著 金烁/主译 45.00元

给有许多痴呆病患者及其家属和看护者的经历和经验,介绍了痴呆和记忆力减退患者的行为表现如何走等症状、情绪改变;如何处理患者和家庭成员之间的关系;如何安排和处理患者的生活、工作、养老、保险、法律事务等问题。可为广大老年人及家属的生活提供参考。

失智症照护三部曲

假如我的亲人正经历失智症,我们该知道些什么?
假如我们正面临亲友的衰老,我们能做些什么?
假如我得了失智症,我希望好好照顾您

失智照护指南 2016年8月 王培宁 刘秀枝/著 39.00元

好好照顾您 2016年10月 邱铭章 汤丽玉/著 39.00元

假如我得了失智症 2016年8月 伊佳奇/著 39.00元

视力障碍辅助技术

中国残疾人辅助器具中心/主编 89.00元 2018年7月

书中介绍了眼科的基本知识,如解剖、病因及常见疾病,以及低视力和助视的诊断、评估、常用的辅助器具,并分章节对助视视力康复、儿童和老年地视力康复、眼科视觉康复训练等进行了详细地阐述。

肢体障碍辅助技术

coming soon……

中国残疾人辅助器具中心/主编 2020年6月

首先,本书对辅助器具的发展史、适配服务与应用等进行了概述。其次,详细阐述了肢体障碍,包括肢体障碍的病因及表现、肢体功能评定、肢体障碍康复简介等。最后,对起居、移位、防压疮、助行、自理、沟通等辅助器具进进行了功能与适配原则的介绍。

运动疗法与作业疗法

best seller
曾获首都医科大学优秀教材一等奖

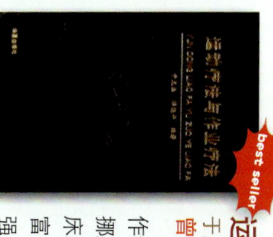

于兑生 恽晓平/编著 80.00元

作者收集了大量的国外资料以及美国、加拿大、挪威、日本等多所国外医科大学的教材,结合多年临床教学经验和我国国情重新编写该书,理论与实际相结合,内容丰富,深受广大师生及专业技术人员的欢迎。

残疾预防工作知识问答手册

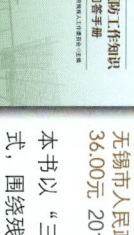

无锡市人民政府残疾人工作委员会/主编 36.00元 2016年4月

本书以"三级预防"为主线,通过问答的形式,围绕残疾预防工作常见问题及公众普遍关注的热点问题,全面、系统地对残疾预防知识进行了阐述。内容简明扼要,通俗易懂,具有实际指导意义。

实用PNF治疗:图解指南(第四版)

best seller

PNF in Practice: An Illustrated Guide

[美]Susan Adler, [比]Dominiek Beckers [南]Math Buck/著 刘钦刚/译 198.00元 2018年3月

本书感觉神经肌肉促进技术(PNF)是一种理念和治疗观点。本书的第四版,经过完全修订并配有全彩色图表,更为读者提供了友好设计,综合了最新的进展,旨在支持其观念的发展。

助听器(第二版)

Hearing Aids (Second Edition)

[澳]Harvey Dillon/著 胡向阳[澳]主译 龚署园[澳]副主译 398.00元 2019年1月

国内首次翻译引进,内容完整的助听器专著

本书涵盖了有关助听器的基本知识,兼顾实用和理论,对相关的综合性研究人探讨,适用于临床实证研究,给出操作建议,助听器验配师及研发人员,以及听力学研究者。

辅助技术:原则与实践(第四版)

coming soon……

Assistive Technologies: Principles & Practices

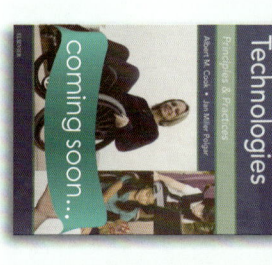

Albert M.Cook Jan Miller Polgar/著 李信静 郑键/主译 2020年1月

本书被誉为国际辅助技术界的"圣经",自20世纪90年代第一版以来,以每五年修订一版的速度更新,版为2015年最新版,包含了不同话语和文化中的辅助技术的应用、辅助技术的基本原则及具体技术等内容。

戴维斯·中枢神经康复三部经典

不偏不倚：成人偏瘫康复治疗的选择性躯干活动设计
Right in the Middle: Selective Trunk Activity in the Treatment of Adult Hemiplegia　2017年6月

本书主要针对偏瘫躯干选择性活动丧失的问题及康复治疗活动进行了详细、系统地设计并加以描述。本书语言简明扼要，附有大量真实患者康复治疗的照片。

[瑞士]帕特里夏·M. 戴维斯/著
魏国荣 汪洁/主译　69.00元

从零开始：脑外伤及其他严重脑损伤后的早期康复治疗
Starting Again: Early Rehabilitation After Traumatic Brain Injury or Other Severe Brain Lesion　2017年8月

本书描述了严重脑外伤及其他原因引起的严重颅脑损伤后的早期康复。配有600多幅真实患者的照片及说明。治疗内容涵盖患者从发病至恢复，从急救期至行走训练。

[瑞士]帕特里夏·M. 戴维斯/著
魏国荣 刘钦刚/主译　79.00元

循序渐进：偏瘫患者的全面康复治疗（第二版）
Steps to Follow: The Comprehensive Treatment of Patients with Hemiplegia　2014年10月

中风偏瘫康复治疗经典图书

引进版权，20年不断重印，神经损伤患者的实用性治疗指南。康复治疗人员必备书，已在世界范围内的专业人员中赢得了良好声誉。

[瑞士]帕特里夏·M. 戴维斯/著
刘钦刚/主译　69.00元

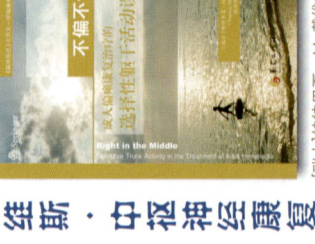

儿童肥胖与相关泌尿性疾病中西医诊疗手册
张佳菊/主编　49.00元　2019年9月

肥胖及相关内分泌疾病，可导致儿童生长发育、性发育，甚至智力发育等方面的异常，严重影响儿童身心健康。本书详述临床常见、多发的儿童内分泌系统病的病因病机、临床表现、规范化、以及中西医诊断治疗的研究进展、内容严谨、全面实用。

小儿呼吸系统常见病诊疗手册
劳慧敏/主编　张葆青/主审　39.00元　2017年12月

综合儿科各家经验，从中西医结合的角度，对小儿呼吸系统常见病的病因、临床表现、诊断治疗，以及预防调护等方面做了详尽论述，便于儿科临床医师系统掌握相关疾病的诊疗思路，具有较强的临床实践性与指导意义。

气化论与分期辨治慢性心力衰竭
杜廷剑/主编　39.00元　2019年12月

本书详细介绍了气化论指导下的慢性心力衰竭辨证论治、病因病机、组方原则，还介绍了慢性心力衰竭的管理现状和新型的"一体化"管理模式，以及中医药干预等内容。

一学就会心电图
一学就会心电图（口袋书）
2020年3月　[日]前田如矢/著　2020年3月　[日]前田如矢/著

在临床检查中，心电图对医生，只要是临床工作有关的人，都应该能读懂心电图。本书作者前田如矢先生是日本心血管医学领域的知名教授，是心电图教育的有心人。热心人。耐心人。多年来编著出版了近20册心电图书籍，为心电图普及教育不懈地努力着。他形容自己的经历："心电图人生"。他在行言中讲到："心电图绝不难学"，"让读者看过这本书后喜欢上心电图"是编者此书的愿望。

急重症症状诊断和处理流程手册
周泽甫/主编　36.00元　2017年7月

急重症症状的诊断及处理是临床必备的基本重要技能。临床一线专家在循证医学基础上，结合多年临床经验和卫健委委疾病临床路径编写，将常见急重症症状诊断处理流程化、规范化、标准化，便于熟记和操作。适用于各医学院校学生及各科临床医生。

实用急救手册
The pracical Guide to Emergency Treatment
裘雷鸣/主编　29.00元　2014年8月

本书结合临床工作的实际需要，对临床常见危急重症的诊治过程、急救操作技术、临床常用药物和中医急救方法、图文并茂、阐述真或、层次分明，一目了然，便于迅速掌握。符合临床急救的需要和特点，各级医师的临床必备。

眩晕和头晕
Dizziness: A Practical Approach to Diagnosis and Management
[美]Adolfo M.Bronstein [德]Thomas Lempert/著
赵钢 等/主译　栗秀初/主审
30.00元　2012年4月

获英国医学会(BMA)医学图书年度评比最高推荐奖

专家共识、构思独特、条理清晰、语言简洁

中西医结合骨伤科疼痛管理
李郑林 尚鸿生/主编　李保林 翟明玉/主审
樊碧发/作序　59.00元　2017年11月

国家级非物质文化遗产"平乐郭氏正骨法"现代临床应用指南　全彩色印刷

包括骨伤科疾病的生理、病理基础；平乐郭氏正骨的内治法、外治法、物理疗法、镇痛药物使用、疼痛评估及管理；对患者及家属的宣教。

临床必备

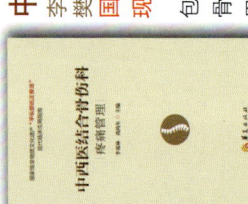

附件三：脑瘫儿童实用技能记录表（2016 年 4 月 23 日修订）

身体部分	形状（√有　×没有）		A1	A2	A3	A4	A5	A6	A7
躯干	正中								
	C 型（凸向左）								
	C 型（凸向右）								
	S 型								
	反转 S 型								
	圆背								
	腰过伸								

日期	A1	A2	A3	A4	A5	A6	A7

三、大肌能活动

1. 坐凳活动

辅助器具	A1	A2	A3	A4	A5	A6	A7
A. 抓握辅助器具，坐在凳上							
Ⅰ. 双手抓握辅助器具时，能保持坐姿※							
ⅰ. 手肘伸直（左/右）	/	/	/	/	/	/	/
ⅱ. 双手握住辅助器具（左/右）	/	/	/	/	/	/	/
ⅲ. 躯干挺直及对称							
ⅳ. 髋关节屈曲							
ⅴ. 保持脚掌在地面上放平（左/右）	/	/	/	/	/	/	/
Ⅱ. 双手抓握辅助器具，完全独立地保持坐姿 4 分：3 秒以内 5 分：3~20 秒 6 分：20 秒以上							
Ⅲ. 一手握住辅助器具时，用另一只手玩耍，能保持坐姿							
B. 完全独立地坐在凳上							
Ⅰ. 保持坐姿 4 分：3 秒以内 5 分：3~20 秒 6 分：20 秒以上							
C. 独立坐在凳上活动							
Ⅰ. 抬高一只脚，放在另一条腿的膝盖上面（左/右）	/	/	/	/	/	/	/
Ⅱ. 向后移							
Ⅲ. 团团转（向左/向右）	/	/	/	/	/	/	/

D. 坐在凳上→站立

独立/辅助器具							

E. 站立→坐在凳上

独立/辅助器具							

F. 坐在凳上→坐在地上

G. 坐在地上→坐在凳上

2. 木条台/席上活动

	A1	A2	A3	A4	A5	A6	A7
A. 俯卧姿势							
Ⅰ. 保持躯干在中线							
Ⅱ. 保持双手在躯干两侧/伸直举高（左/右）	/	/	/	/	/	/	/
Ⅲ. 保持双脚伸直及分开（左/右）	/	/	/	/	/	/	/
Ⅳ. 保持不动							
B. 俯卧在木条台上，把身体上拉※							
Ⅰ. 保持头部在中线，抬起							
Ⅱ. 保持躯干在中线							
Ⅲ. 双手举高，伸直（左/右）	/	/	/	/	/	/	/
Ⅳ. 双手抓握木条（左/右）	/	/	/	/	/	/	/
Ⅴ. 双手屈曲，把身体拉上（左/右）	/	/	/	/	/	/	/
Ⅵ. 保持双脚伸直，分开（左/右）	/	/	/	/	/	/	/

或

C. 完全独立地在席上腹爬

4 分：60 厘米以内

5 分：60～150 厘米

6 分：150 厘米以上

D. 俯卧：前臂支撑

Ⅰ. 保持姿势							
ⅰ. 抬起头部于中线，下颌离开地面少许							
ⅱ. 抬起头部于中线，头部垂直							
Ⅱ. 向前伸出一只手（左/右）	/	/	/	/	/	/	/

E. 俯卧：直臂支撑

Ⅰ. 保持姿势							

F. 俯卧→仰卧（向左/向右）	/	/	/	/	/	/	/

G. 仰卧姿势

Ⅰ. 保持头部在中线							
Ⅱ. 保持躯干在中线							
Ⅲ. 保持双手在躯干两侧（左/右）	/	/	/	/	/	/	/
Ⅳ. 保持双脚伸直及分开（左/右）	/	/	/	/	/	/	/
Ⅴ. 保持不动							

H. 仰卧：头部的控制

Ⅰ. 转头（向左/向右）	/	/	/	/	/	/	/
Ⅱ. 当被拉至坐位时，保持头部在中线慢慢抬起							

I. 仰卧：上肢的控制

Ⅰ. 伸手向前（左/右）	/	/	/	/	/	/	/
Ⅱ. 伸手越过中线（左/右）	/	/	/	/	/	/	/
Ⅲ. 伸手向外（左/右）	/	/	/	/	/	/	/
Ⅳ. 举高手越过头部（左/右）	/	/	/	/	/	/	/
Ⅴ. 双手在中线互握							

J. 仰卧：下肢的控制

Ⅰ. 屈曲一只脚，并保持不动（左/右）	/	/	/	/	/	/	/
Ⅱ. 伸直已屈曲的脚（左/右）	/	/	/	/	/	/	/
Ⅲ. 分开脚（左/右）	/	/	/	/	/	/	/
Ⅳ. 合拢已分开的脚（左/右）	/	/	/	/	/	/	/

K. 仰卧：搭桥※

Ⅰ. 头正中，不后仰							
Ⅱ. 双手抓握木条台/按地（左/右）	/	/	/	/	/	/	/
Ⅲ. 双腿屈曲（左/右）	/	/	/	/	/	/	/
Ⅳ. 双脚放平，固定在木条台/地上（左/右）	/	/	/	/	/	/	/
Ⅴ. 提高臀部							

L. 仰卧：坐起来

M. 盘腿坐

Ⅰ. 双手按木条台/地※							
ⅰ. 双手伸直，支撑身躯（左/右）	/	/	/	/	/	/	/
ⅱ. 保持头部抬起							
ⅲ. 保持身躯挺直							
Ⅱ. 双手按木条台/地，完全独立地坐 4 分：3 秒以内 5 分：3～20 秒 6 分：20 秒以上							
Ⅲ. 一手按木条台/地，另一手玩耍							
Ⅳ. 不用手按木条台/地，完全独立地坐 4 分：3 秒以内 5 分：3～20 秒 6 分：20 秒以上							

N. 保护性支撑反应◇							
Ⅰ. 前面（左/右）	/	/	/	/	/	/	/
Ⅱ. 侧面（左/右）	/	/	/	/	/	/	/
Ⅲ. 后面（左/右）	/	/	/	/	/	/	/

备注　◇：0 表示未能做到，2 表示部分做到，4 表示完全做到

O. 坐在木条台/地上，慢慢躺下							
P. 仰卧→俯卧（向左/向右）	/	/	/	/	/	/	/
Q. 俯卧：往后推下床※	/	/	/	/	/	/	/
Ⅰ. 保持头部在中线，抬起							
Ⅱ. 保持躯干在中线							
Ⅲ. 手肘屈曲（左/右）	/	/	/	/	/	/	/
Ⅳ. 双手抓握木条（左/右）	/	/	/	/	/	/	/
Ⅴ. 手肘伸直，把身体推下（左/右）	/	/	/	/	/	/	/
Ⅵ. 保持双脚伸直，分开（左/右）	/	/	/	/	/	/	/

3. 站立活动

	A1	A2	A3	A4	A5	A6	A7
A. 用辅助器具站立							
Ⅰ. 当握着辅助器具时，能保持站姿※							
ⅰ. 头部抬起及保持在中线							
ⅱ. 躯干挺直及对称							
ⅲ. 手肘伸直（左/右）	/	/	/	/	/	/	/
ⅳ. 双手握住辅助器具（左/右）	/	/	/	/	/	/	/
ⅴ. 膝部伸直（左/右）	/	/	/	/	/	/	/
ⅵ. 脚板平放在地上（左/右）	/	/	/	/	/	/	/

ⅶ. 保持不动							
Ⅱ. 当握着辅助器具时，能完全独立地保持站姿 　　4分：3秒以内 　　5分：3~20秒 　　6分：20秒以上							
Ⅲ. 当只有一只手握着辅助器具时，能保持站姿							
Ⅳ. 当握着辅助器具时，抬高一只脚（左/右）	/	/	/	/	/	/	/
Ⅴ. 当握着辅助器具时，站立→蹲							
Ⅵ. 当握着辅助器具时，蹲→站立							
Ⅶ. 当握着辅助器具时，从地上站起来							

B. 完全独立地站立

Ⅰ. 不用扶持，站立 　　4分：3秒以内 　　5分：3~20秒 　　6分：20秒以上							
Ⅱ. 不用扶持，站立→蹲							
Ⅲ. 不用扶持，蹲→站立							
Ⅳ. 不用扶持，从地上站起来							

4. 步行活动

	A1	A2	A3	A4	A5	A6	A7
A. 能使用辅助器具步行※							
ⅰ. 头部抬起							
ⅱ. 身体挺直及对称							
ⅲ. 手握辅助器具（左/右）	/	/	/	/	/	/	/
ⅳ. 脚掌在地上放平（左/右）	/	/	/	/	/	/	/
ⅴ. 向前移辅助器具							
ⅵ. 转移重心（向左/向右）	/	/	/	/	/	/	/
ⅶ. 踏步（左/右）	/	/	/	/	/	/	/
B. 完全独立地使用辅助器具步行◇							
C. 完全独立地扶家具横行◇ （向左/向右）（双脚横行为一步）	/	/	/	/	/	/	/
D. 完全独立地徒手步行◇							

备注　◇：4分：3步以内　　5分：3~10步　6分：10步以上

5. 进阶体能活动

	A1	A2	A3	A4	A5	A6	A7
A. 上楼梯（四级）							
Ⅰ. 双手扶栏杆，两步一级							
Ⅱ. 双手扶栏杆，一步一级							
Ⅲ. 一手扶栏杆，两步一级							
Ⅳ. 一手扶栏杆，一步一级							
Ⅴ. 不用扶持，两步一级							
Ⅵ. 不用扶持，一步一级							
B. 下楼梯（四级）							
Ⅰ. 双手扶栏杆，两步一级							
Ⅱ. 双手扶栏杆，一步一级							
Ⅲ. 一手扶栏杆，两步一级							
Ⅳ. 一手扶栏杆，一步一级							
Ⅴ. 不用扶持，两步一级							
Ⅵ. 不用扶持，一步一级							
C. 徒手向前行走 10 步，停，转身，步行回原处							
D. 向后行走 10 步							
E. 双手抱着一件体积大如足球的物品，向前行走 10 步							

F. 单腿站立（左站/右站）　　| / | / | / | / | / | / | / |

    4 分：3 秒以内

    5 分：3~10 秒

    6 分：10 秒以上

G. 跨越 5 厘米高的障碍物（左跨/右跨）　　| / | / | / | / | / | / |

H. 跨过及膝高的障碍物（左跨/右跨）　　| / | / | / | / | / | / |

I. 跑 4.5 米，停，跑回原处

J. 踢一个直径 15 厘米不动的球，仍能保持平衡
   （左踢/右踢）　　| / | / | / | / | / | / |

K. 跳高

    4 分：5 厘米以内

    5 分：5~30 厘米

    6 分：30 厘米以上

L. 跳远

    4 分：5 厘米以内

    5 分：5~30 厘米

    6 分：30 厘米以上

M. 单腿跳（左/右）　　| / | / | / | / | / | / |

    4 分：3 次以内

    5 分：3~10 次

    6 分：10 次以上

附件三：脑瘫儿童实用技能记录表（2016 年 4 月 23 日修订）

6. 基本动作模式◇

	A1	A2	A3	A4	A5	A6	A7
A. 伸直手肘（左/右）	/	/	/	/	/	/	/
B. 抓握（左/右）	/	/	/	/	/	/	/
C. 放手（左/右）	/	/	/	/	/	/	/
D. 左手固定，右手活动							
E. 右手固定，左手活动							
F. 脚踏实地（坐、站）（左/右）	/	/	/	/	/	/	/
G. 髋关节活动							
Ⅰ. 坐：屈曲 90°							
Ⅱ. 站：伸直							
Ⅲ. 行：分开							
H. 朝向中线							

7. 认知、意向◇

	A1	A2	A3	A4	A5	A6	A7
A. 身体概念							
B. 动作概念							
C. 空间概念							
D. 正确姿势及动作的概念							
E. 计划动作的能力							
F. 解难能力							
G. 参与活动的意愿							
H. 解难的意愿							

备注　◇：0 表示未能做到，2 表示有时做到，4 表示经常做到

四、精细活动

1. 肌能性活动

	A1	A2	A3	A4	A5	A6	A7
A. 独立坐在凳上（可以在不同姿势测试：仰卧/侧卧/坐/站）							
Ⅰ. 伸手至不同方向							
ⅰ. 前（左/右）	/	/	/	/	/	/	/
ⅱ. 上（左/右）	/	/	/	/	/	/	/
ⅲ. 下（左/右）	/	/	/	/	/	/	/
ⅳ. 左侧（左/右）	/	/	/	/	/	/	/
ⅴ. 右侧（左/右）	/	/	/	/	/	/	/
ⅵ. 后（左/右）	/	/	/	/	/	/	/
ⅶ. 越过中线（左/右）	/	/	/	/	/	/	/
Ⅱ. 伸手至身体不同位置							
ⅰ. 头及五官（左/右）	/	/	/	/	/	/	/
ⅱ. 肩膊（左/右）	/	/	/	/	/	/	/
ⅲ. 膝（左/右）	/	/	/	/	/	/	/
ⅳ. 脚（左/右）	/	/	/	/	/	/	/
ⅴ. 背（左/右）	/	/	/	/	/	/	/
ⅵ. 臀（左/右）	/	/	/	/	/	/	/
Ⅲ. 抬起手腕（左/右）	/	/	/	/	/	/	/

附件三：脑瘫儿童实用技能记录表（2016 年 4 月 23 日修订）

2. 功能性活动

	A1	A2	A3	A4	A5	A6	A7
A. 独立坐在凳上							
Ⅰ．双手在中线互握							
Ⅱ．拾起地上的木棍（左/右）	/	/	/	/	/	/	/
Ⅲ．双手抓握木棍，向前伸出							
Ⅳ．双手抓握木棍，向前伸出及屈曲手肘再伸出							
Ⅴ．双手举高木棍越过头部							
Ⅵ．双手持木棍，放在颈后							
Ⅶ．一手抓木棍，在背后传给另一只手（左/右）	/	/	/	/	/	/	/
Ⅷ．向一侧伸手取木棍，交换手传至另一侧（左/右）	/	/	/	/	/	/	/
B. 坐在凳上，面对着桌子							
Ⅰ．手放平在桌子上，手掌向下（左/右）	/	/	/	/	/	/	/
Ⅱ．手放平在桌子上，手掌向上（左/右）	/	/	/	/	/	/	/
Ⅲ．握拳，竖起大拇指（左/右）	/	/	/	/	/	/	/
Ⅳ．在要求下，抓握物品（左/右）	/	/	/	/	/	/	/
Ⅴ．在要求下，放开物品（左/右）	/	/	/	/	/	/	/
Ⅵ．将物品放于容器内（左/右）	/	/	/	/	/	/	/
备注：请说明抓放的姿势（手腕的姿势、抓握的方法）							
Ⅶ．用食指及拇指拾物（对指拾物）（左/右）	/	/	/	/	/	/	/
Ⅷ．放小珠于杯内（左/右）	/	/	/	/	/	/	/
备注：请注明容器口径大小							
Ⅸ．把物品由一只手交至另一只手							
Ⅹ．用食指指物（左/右）	/	/	/	/	/	/	/

Ⅺ. 搭高2块积木（边长约2.5厘米）（左/右）	/	/	/	/	/	/	/
Ⅻ. 不用协助，搭高积木（左/右）	/	/	/	/	/	/	/

4分：3块
  5分：4~10块
  6分：10块以上							

ⅩⅢ. 拧开瓶盖（直径约2.5厘米）（左/右）	/	/	/	/	/	/	/
ⅩⅣ. 拧紧瓶盖（直径约2.5厘米）（左/右）							
ⅩⅤ. 串大珠（直径约2.5厘米） （按能力调校珠/绳）（左串/右串）							
ⅩⅥ. 串小珠（请注明珠的直径） （按能力调校珠/绳）（左串/右串）							
ⅩⅦ. 前二指从桌面拾起1厘米的方珠传至掌心 （请注明可传多少粒，1~5粒内）（左/右）							
ⅩⅧ. 从掌心将1厘米的方珠传回前二指 （请注明可传多少粒，1~5粒内）（左/右）							

备注（ⅩⅦ/ⅩⅧ评分标准）：
  0：握小珠于前二指或掌心，但没有传递的动作
  1：手指有挪动的动作，但珠子不动
  2：手指能传递珠子从指尖至指旁或从掌心至掌旁边
  3：手指能传递珠子从指尖至掌心或从掌心至指边，但有困难
  4：手指能轻易传递珠子从指尖至掌心或从掌心至指尖							

ⅩⅨ. 用手指将铅笔往上（大拇指方向）移动（左/右）	/	/	/	/	/	/	/
ⅩⅩ. 用手指将铅笔往下（小指方向）移动（左/右）	/	/	/	/	/	/	/

备注（ⅩⅨ/ⅩⅩ评分标准）：
  0：不能用手指将铅笔往上/往下移动
  1：手指有挪动的动作，但铅笔不动
  2：横着拿铅笔，能将铅笔往上/往下移动
  3：竖着拿铅笔，能将铅笔往上/往下移动，但有困难
  4：竖着拿铅笔，能将铅笔轻易往上/往下移动							

ⅩⅪ. 剪纸（3岁或以上）（左/右） （请注明：□用左手 □用右手）	/	/	/	/	/	/	/

XXII. 书写（3岁或以上） （请注明：□用左手　□用右手） 执笔方法：□掌握　□静态前三指　□动态前三指 请列明以下项目：（可选多项） 　　ⅰ．用笔画：丨　一 　　ⅱ．用笔画：〇 　　ⅲ．用笔画：＋ ∟ ⌐ □ 　　ⅳ．用笔画：＼ ／ Ｖ △ 　　ⅴ．在约2厘米宽20厘米长的空间内画线 　　ⅵ．在约1厘米宽20厘米长的空间内画线 　　ⅶ．在格内（5厘米×5厘米）写简单的中文字 　　ⅷ．在格内（5厘米×5厘米）写数字1～10								

3．认知、意向◇

A．对手部的意识及注意力							
B．手部对触觉刺激的反应							
C．使用双手的意愿							

备注　◇：0表示未能做到，2表示有时做到，4表示经常做到

手部精细活动由房角石协会特殊儿童项目（湖北）王俊杰主任修订

五、自理活动

1. 进餐行为

（请注明用左/右手进食，在□内打✓：□左手　　□右手）

	A1	A2	A3	A4	A5	A6	A7
A. 进食							
Ⅰ. 用勺子进食※							
ⅰ. 保持头部抬起，并在中线							
ⅱ. 保持身体挺直							
ⅲ. 一手固定在台上							
ⅳ. 另一手握着勺子，握法： 　　a. 正掌握（前臂内旋） 　　b. 反掌握（前臂外旋） 　　c. 三指握							
ⅴ. 用勺子舀食物							
ⅵ. 放勺子进口里							
ⅶ. 用唇含下勺子内的食物							
ⅷ. 咀嚼							
ⅸ. 吞咽							
ⅹ. 把勺子放回碗里							
Ⅱ. 用筷子进食							
B. 进饮							
Ⅰ. 用杯进饮※							
ⅰ. 保持头部抬起，并在中线							
ⅱ. 保持身体挺直							
ⅲ. 伸单/双手持杯							
ⅳ. 把杯送近口							

		A1	A2	A3	A4	A5	A6	A7
	v. 啜饮							
	vi. 控制流量							
	vii. 把杯放回桌上							
C. 认知、意向◇								
Ⅰ. 使用餐具的方法								
Ⅱ. 认识餐具的名称								
Ⅲ. 认识餐具的用途								
Ⅳ. 参与进食的意愿								
Ⅴ. 参与进饮的意愿								

2. 如厕

		A1	A2	A3	A4	A5	A6	A7
A. 上下便盆／马桶								
Ⅰ. 使用辅助器具，上下便盆/马桶※								
	i. 扶着辅助器具，把裤子脱下							
	ii. 扶着辅助器具，坐向便盆							
	iii. 扶着辅助器具，稳坐在便盆上							
	iv. 扶着辅助器具，从便盆上站起身							
	v. 扶着辅助器具，把裤子提上来							
Ⅱ. 不需扶持，上下便盆/马桶								
Ⅲ. 如厕后，自行清洁								
B. 认知、意向◇								
Ⅰ. 懂得表示大便的需要								
Ⅱ. 懂得表示小便的需要								
Ⅲ. 日间保持干爽								
Ⅳ. 午睡时能保持干爽								
Ⅴ. 日夜都能保持干爽								
Ⅵ. 参与如厕的意愿								

备注　◇：0 表示未能做到，2 表示有时做到，4 表示经常做到

3. 梳洗

	A1	A2	A3	A4	A5	A6	A7
A. 洗手							
Ⅰ. 双手互搓							
Ⅱ. 用肥皂/洗手液洗手							
Ⅲ. 用毛巾擦手							
B. 洗脸							
Ⅰ. 挤干毛巾							
Ⅱ. 拧毛巾							
Ⅲ. 用毛巾洗脸							
C. 刷牙							
Ⅰ. 拧开牙膏盖							
Ⅱ. 把牙膏挤出，涂在牙刷上							
Ⅲ. 刷牙							
Ⅳ. 漱口							
D. 梳头							
E. 认知、意向◇							
Ⅰ. 洗手的步骤							
Ⅱ. 洗脸的步骤							
Ⅲ. 刷牙的步骤							
Ⅳ. 梳头的步骤							
Ⅴ. 参与梳洗活动的意愿							

备注　◇：0 表示未能做到，2 表示有时做到，4 表示经常做到

4. 穿衣

	A1	A2	A3	A4	A5	A6	A7
A. 技巧							
Ⅰ. 脱下套头衣服							
ⅰ. 将颈前领口拉上至嘴巴							
ⅱ. 双手握着颈后领口							
ⅲ. 拉领口过头直至衣服被拉出							
ⅳ. 伸直一只手按着桌子，另一只手把衣袖推出							
ⅴ. 重复步骤ⅳ推出另一边衣袖							
Ⅱ. 穿上套头衣服							
ⅰ. 将衣服平放桌子上，后幅向上，衣脚向自己							
ⅱ. 右手打开衣脚口，左手穿进衣袖							
ⅲ. 左手伸直，右手拉衣袖过手肘							
ⅳ. 重复步骤将另一只手穿上衣袖							
ⅴ. 双手由衣脚卷起衣服至领口							
ⅵ. 低下头，双手把衣服拉过头							
ⅶ. 把衣服拉整齐							
Ⅲ. 脱下裤子							
ⅰ. 扶着辅助器具站立，用大拇指插进一边裤腰并推下至膝盖							
ⅱ. 重复步骤ⅰ推下另一边裤腰							
ⅲ. 坐在凳上/维持站立，把裤子完全推出脱下							
Ⅳ. 穿上裤子							
ⅰ. 坐下，抬高一条腿把一边裤管穿上							
ⅱ. 重复步骤ⅰ穿上另一边裤管							
ⅲ. 扶着辅助器具站立，把裤子提上							
Ⅴ. 脱去袜子							
ⅰ. 抬高一只脚放在另一条腿的膝盖上							
ⅱ. 把大拇指插进袜管内							
ⅲ. 把袜子退至脚跟							
ⅳ. 把袜子拉出							

	A1	A2	A3	A4	A5	A6	A7
ⅴ．重复以上步骤脱去另一只袜子							
Ⅵ．穿上袜子							
ⅰ．抬高一只脚放在另一条腿的膝盖上							
ⅱ．双手打开袜管套在脚趾上							
ⅲ．把袜子拉过脚跟							
ⅳ．把袜子拉上小腿							
ⅴ．重复以上步骤穿上另一只袜子							
Ⅶ．脱去鞋子							
ⅰ．抬高一只脚放在另一条腿的膝盖上							
ⅱ．解开鞋带／扣							
ⅲ．握着鞋跟推出鞋子							
ⅳ．握着鞋头脱去鞋子							
ⅴ．重复以上步骤脱去另一只鞋子							
Ⅷ．穿上鞋子							
ⅰ．抬高一只脚放在另一条腿的膝盖上							
ⅱ．握着鞋舌把鞋套在脚趾上							
ⅲ．握着鞋跟把鞋套在脚跟上							
ⅳ．系鞋带/扣上鞋扣							
ⅴ．重复以上步骤穿上另一只鞋子							
Ⅸ．脱去脚托							
Ⅹ．穿上脚托							
Ⅺ．解开钮扣							
Ⅻ．扣上钮扣							

B．认知、意向◇

	A1	A2	A3	A4	A5	A6	A7
Ⅰ．分辨衣物的部位及方向							
Ⅱ．正确穿衣的步骤							
Ⅲ．参与穿衣活动的意愿							

备注　◇：0表示未能做到，2表示有时做到，4表示经常做到

六、沟通能力

备注：此项用《语文-表达能力记录表》代替，此项的标题可作为制订长期目标的参考）

1. 语前能力

	A1	A2	A3	A4	A5	A6	A7
A. 认知◇（先填写《认知能力记录表》，再做整体评价）							
Ⅰ. 物品概念							
Ⅱ. 人物概念							
Ⅲ. 物品恒存概念							
B. 技巧◇							
Ⅰ. 目光接触							
Ⅱ. 人物专注							
Ⅲ. 物品专注							
Ⅳ. 对声调语气有反应							
Ⅴ. 模仿动作							
Ⅵ. 模仿口语							
Ⅶ. 固定头部躯干的能力							
Ⅷ. 转动头部的能力							
C. 意向◇							
Ⅰ. 对环境及人物有兴趣							
Ⅱ. 沟通的意愿							

备注　◇：0 表示未能做到，2 表示有时做到，4 表示经常做到

2. 语言理解能力

	A1	A2	A3	A4	A5	A6	A7
认知◇（先填写《认知能力记录表》，再做整体评价）							
Ⅰ. 明白自己的名字							
Ⅱ. 明白"要不要"的问题							
Ⅲ. 明白"是不是"的问题							
Ⅳ. 明白日常用品或身体部位的名称（3个或以上）							
Ⅴ. 明白日常用品或身体部位的用途（3个或以上）							
Ⅵ. 明白环境性指令							
Ⅶ. 明白活动步骤的指令（写明儿童明白步骤的数量）							
Ⅷ. 明白"谁/什么"的问题							
Ⅸ. 因果关系的概念							

3. 表达能力

	A1	A2	A3	A4	A5	A6	A7
A. 认知◇							
Ⅰ. 发声							
Ⅱ. 手势							
Ⅲ. 表情							
Ⅳ. 单字							
Ⅴ. 短句							
Ⅵ. 固定头部躯干的能力							
Ⅶ. 上肢控制的能力							
B. 意向◇							
Ⅰ. 沟通的意愿							

备注 ◇：0表示未能做到，2表示有时做到，4表示经常做到

附件三：脑瘫儿童实用技能记录表（2016年4月23日修订）

七、社交能力

备注：此项用《社交能力记录表》代替，此项的标题可作为制订长期目标的参考。

1. 环境适应◇

	A1	A2	A3	A4	A5	A6	A7
A. 认知（先填写《认知能力记录表》，再做整体评价）							
Ⅰ. 注意环境能变化/刺激							
B. 技巧							
Ⅰ. 在环境提示下参与活动							
C. 意向							
Ⅰ. 对环境的变化做出预备（接受/拒绝）							

2. 与照顾者的关系◇

	A1	A2	A3	A4	A5	A6	A7
A. 认知							
Ⅰ. 注视、分辨照顾者							
B. 技巧							
Ⅰ. 有目标地注视照顾者/接受照顾者的协助进行活动							
C. 意向							
Ⅰ. 取悦照顾者/向照顾者表达需要							

备注　◇：0表示未能做到，2表示有时做到，4表示经常做到

3. 与朋辈的关系◇

	A1	A2	A3	A4	A5	A6	A7
A. 认知							
Ⅰ．注视、分辨朋辈							
B. 技巧							
Ⅰ．模仿朋辈进行活动/一起参与活动							
C. 意向							
Ⅰ．建立选择朋辈/共同玩耍的意愿							

备注　◇：0 表示未能做到，2 表示有时做到，4 表示经常做到

八、认知学习

备注：此项用《认知能力记录表》代替，此项的标题可作为制订长期目标的参考。

1. 感官认知◇

		A1	A2	A3	A4	A5	A6	A7
A. 视觉								
Ⅰ. 注意								
	ⅰ. 光源							
	ⅱ. 色彩强烈对比							
	ⅲ. 闪动							
	ⅳ. 快速移动							
	ⅴ. 缓慢移动							
Ⅱ. 追踪								
	ⅰ. 左90°							
	ⅱ. 右90°							
	ⅲ. 上							
	ⅳ. 下							
Ⅲ. 接受刺激								
B. 听觉								
Ⅰ. 注意								
	ⅰ. 大声							
	ⅱ. 小声							
	ⅲ. 高频							
	ⅳ. 低频							
Ⅱ. 探索								
	ⅰ. 寻找声源							
	ⅱ. 尝试探索发声物及使其发声							
Ⅲ. 接受刺激								

备注　◇：0表示未能做到，2表示有时做到，4表示经常做到

C. 触觉

Ⅰ．注意							
ⅰ．冷							
ⅱ．热							
ⅲ．粗							
ⅳ．滑							
ⅴ．软							
ⅵ．硬							
Ⅱ．探索							
ⅰ．触摸及探索物品							
Ⅲ．接受刺激							

2. 自我概念◇

	A1	A2	A3	A4	A5	A6	A7
A．认知							
Ⅰ．辨别自己的名字							
Ⅱ．辨别自己的性别							
Ⅲ．理解身体部位的名称							
Ⅳ．辨别属于自己的物品							
B．技巧							
Ⅰ．对自己的名字做出反应							
Ⅱ．运用身体参与日常活动							
Ⅲ．对自己的物品做出反应							
C．意向							
Ⅰ．意图回应别人对自己的呼唤							
Ⅱ．通过活动身体表达参与的意愿							
Ⅲ．意图示意属于自己的物品							

备注　◇：0 表示未能做到，2 表示有时做到，4 表示经常做到

3. 对象概念◇

	A1	A2	A3	A4	A5	A6	A7
A. 认知：注视/理解日常接触物品的名称（常用物品、食物、玩具）							
B. 技巧：正确使用不同的物品							
C. 意向：通过拿取物品满足需要							

4. 玩耍技巧◇

	A1	A2	A3	A4	A5	A6	A7
A. 认知：注视/明白玩具带出的因果关系							
B. 技巧：尝试操控玩具以出现应有的效果							
C. 意向：通过选择玩具表达玩耍的意愿							

5. 抽象概念◇

	A1	A2	A3	A4	A5	A6	A7
A. 大小概念							
Ⅰ. 配对							
Ⅱ. 分类							
Ⅲ. 辨认							
Ⅳ. 应用							
B. 颜色概念							
Ⅰ. 配对							
Ⅱ. 分类							
Ⅲ. 辨认							
Ⅳ. 应用							

备注　◇：0 表示未能做到，2 表示有时做到，4 表示经常做到

C. 形状概念

Ⅰ. 配对							
Ⅱ. 分类							
Ⅲ. 辨认							
Ⅳ. 应用							

D. 对比概念

Ⅰ. 长短							
Ⅱ. 多少							
Ⅲ. 轻重							
Ⅳ. 快慢							

E. 空间概念

Ⅰ. 上下							
Ⅱ. 前后							
Ⅲ. 左右							
Ⅳ. 里外							

F. 数量概念

Ⅰ. 背诵							
Ⅱ. 指物数数							
Ⅲ. 字与量配对							
Ⅳ. 独立数数							

G. 语文概念

Ⅰ. 认读单字							
Ⅱ. 认读词语							
Ⅲ. 认读短句							

附件三：脑瘫儿童实用技能记录表（2016年4月23日修订）

认知能力记录表

儿童姓名：＿＿＿＿＿＿＿＿＿＿　　性别：＿＿＿＿＿＿＿＿＿＿

出生日期：＿＿＿＿＿＿＿＿＿＿

组别：＿＿＿＿＿＿＿＿＿＿　　入园日期：＿＿＿＿＿＿＿＿＿＿

评估人员：＿＿＿＿＿＿＿＿＿＿

引言：

1. 此能力记录表并非一份标准化评估表，只作了解儿童能力的参考。在评估《脑瘫儿童实用技能记录表》的认知部分时，以此表的细项代替。

2. 此记录表的作用是协助老师找出儿童的学习阶段，进而设定学习内容。

记录原则：

1. 此记录表旨在记录儿童的能力表现，因此不论儿童是否正确，也无需给予评价。

2. 为了能一致地追踪儿童的发展，建议各单位按各项目内容预备评估工具。

3. 进行评估时，要说清楚评估的原则，以免影响评估的质量。例如："老师会给你两张照片，你要看清楚再拿给老师"。

4. 一般评估内容为大部分时间做到稳定，大部分项目可以做四次。有三次做到为成功，可以给"4"；一半做到给"2"；只做到一次或未能做到为"0"。

5. 部分项目以观察形式进行，老师需客观记录儿童的稳定表现。

6. 部分儿童进行评估时会受功能限制，因此老师要敏锐地进行各种调适。

AI：儿童利用声音、目光指示、手势或其他特别器具来表示。

AII：在提供选择下，儿童可用声音、目光指示、手势或其他特别器具（以拼图为例，选择一块零片），然后由工作人员协助他完成。

7. 首次记录可由儿童的实际年龄开始，直至儿童未能完成该年龄范围的大部分项目。如儿童的表现未能完成该年龄表现的一半项目，则向上做直至该年龄范围内的大部分项目能完成。

8. 以后的评估可以由上次评估首次出现"2"的项目开始，直至儿童未能完成该年龄范围的大部分项目。

9. 记录表要妥善保管，连同其他评估一并存放，以便统计整理。

认知能力记录表

记录日期	A1	A2	A3	A4	A5	A6	A7
0~1 岁							
1. 注意周围环境							
2. 注意在走动的人							
3. 注视物品/玩具从身体的一边移过中线到另一边							
4. 注视放在近距离的细小物品							
5. 注视移动的光线，头部随着一起移动							
6. 把两件物品做交替审视							
7. 保持视线接触最少3秒钟							
8. 刻意转动头部以探索环境							
9. 伸手企图拿取物品							
10. 伸手拿取摇铃仔细研究，并尝试使其发出声音							
11. 对镜中的影子做出反应，如微笑或用手触摸							
12. 将盖着头及阻碍视线的布拿开 　　AⅠ．当视线受阻时有所反应，如发出声音或以操作表示							
13. 找寻在视线下消失的物品 　　A．见备注 Ⅰ							
14. 尝试将手伸入无盖的瓶子拿出物品							
15. 模仿他人将物品放入瓶子内							
16. 摇动吊在绳下的有声玩具							
17. 用绳子拉动玩具车							
18. 将2件物品/玩具合并玩耍							
19. 将3件物品放入瓶子内，然后把它们倒出							
20. 将物品从一只手转交至另一只手，以能拾起另一件物品							
21. 掉下及拾起玩具							
22. 能找出收藏在瓶下的物品 　　A．见备注 Ⅰ							
23. 推动3块排成火车状的积木							
24. 将圆形从形状板中取出							
25. 在要求下将圆的木枝插在板上							

备注 Ⅰ：儿童利用声音、目光指示、手势或其他特别器具来表示。

附件三：脑瘫儿童实用技能记录表（2016年4月23日修订）

1~2岁						
26. 在要求下做出简单的动作，如举手、摇头等						
27. 分别将6件物品从瓶子中取出						
28. 正确地指出身体的一个部位 　　AⅠ．提供答案以做选择，儿童可以声响或操作表示 　　AⅡ．要求儿童用所指的身体部位做动作，如眨眼、踢脚、张口等						
29. 在要求下叠起3块积木						
30. 配对相同的物品 　　A. 见备注Ⅰ						
31. 用笔随意涂写						
32. 辨别及模仿不同的声音						
33. 当别人问"（小孩名字）在哪里？"时，能指着自己 　　AⅠ．能用动作或姿势表示，或以声响做回应						
34. 在要求下将5枝圆木枝插在板上						
35. 将实物与适当的图片配对 　　A. 见备注Ⅰ						
36. 依照名称指出不同的图片 　　A. 见备注Ⅰ						
37. 能翻阅书本寻找指定的图片 　　AⅡ．当工作人员将书本翻到指定的图片时，儿童可以声响、视线、动作或其他辅助器具有所表示						
2~3岁						
38. 在要求下，找出指定的书本 　　AⅡ．当工作人员拿出指出的书本时，儿童可以声响、视线、动作或其他辅助器具有所表示						
39. 将圆形、四方形及三角形放入形板内正确的位置 　　A. 见备注Ⅱ						
40. 说出在图片里四件常见物品的名称						
41. 仿划直线 　　AⅡ．配对划有直线的图片						
42. 仿划横线 　　AⅡ．配对划有横线的图片						

备注　Ⅰ：儿童利用声音、目光指示、手势或其他特别器具来表示。

　　　Ⅱ：在提供选择下，儿童可用声音、目光指示、手势或其他特别器具表示（以拼图为例，选择一块零片），然后由工作人员协助完成。

43. 仿画圆形							
AⅡ．配对画有圆形的图片							
44. 辨别不同的触觉刺激，如软/硬、冷/热等							
45. 在2件物品中能辨别大小							
46. 仿画十字							
AⅡ．配对画有十字的图片							
47. 正确地指出身体的5个部位							
AⅠ 如28．AⅠ							
AⅡ 如28．AⅡ							
48. 配对3种颜色							
A．见备注 Ⅰ							
49. 在要求下将物品放在"里面""上面"及"下面"							
AⅡ．辨别"里面""上面"及"下面"各位置，可以声响、视线、操作或其他辅助器具表示。							
50. 能辨别声音是由什么东西发出的；在必要时，可提供答案以进行配对，如电话铃声与电话，或用图片配对等							
51. 辨别"大"声与"细"声							
52. 把4个盒子按体积叠在一起							
A．见备注 Ⅱ							
53. 用"我"来代表自己							
54. 能说出图片里所进行的活动							
AⅠ．能以操作表示明白图片里所进行的活动							
AⅡ．在必要时，可提供答案以做选择							
55. 在倒转的形状板上正确地砌好3个形状（○、□、△）							
A．见备注 Ⅱ							
56. 将不同的形状与适当的图片配对							
A．见备注 Ⅰ							
57. 将5个环依大小次序串在棍上							
A．见备注 Ⅱ							
58. 重复几句简单的童谣曲词							

备注 Ⅰ：儿童利用声音、目光指示、手势或其他特别器具来表示。

　　　Ⅱ：在提供选择下，儿童可用声音、目光指示、手势或其他特别器具表示（以拼图为例，选择一块零片），然后由工作人员协助完成。

3~4 岁							
59. 说出"大"与"小"的物品 　　ＡⅠ/Ⅱ. 能辨别"大"与"小"的物品，可以声响、视线、操作或其他辅助器具表示							
60. 重复两个数字，如 3、7，6、2							
61. 在要求下能指出身体的 10 个部位 　　ＡⅠ 如 28. ＡⅠ 　　ＡⅡ 如 28. ＡⅡ							
62. 在要求下，指出"男孩子"与"女孩子" 　　A. 见备注 Ⅰ							
63. 辨别"轻"与"重"的物品							
64. 完成 2 块的拼图 　　A. 见备注 Ⅱ							
65. 叙述熟识的故事或电视节目中的人物或事件							
66. 重复配合动作和句子的游戏，如"点虫虫""小明小明"等							
67. 以触觉辨别不同的形状、大小、质地等							
68. 以一件物品配上另一件物品（共 3 件），如 3 只杯子与 3 粒珠子，每一只杯子放入一粒珠子							
69. 指出"长"与"短"的物品 　　A. 见备注 Ⅰ							
70. 能指出什么东西应配在一起，如鞋袜、杯羹等 　　A. 见备注 Ⅰ							
71. 能背出 1~10，但只能数出 2~3 件物品 　　ＡⅠ. 能配对不同的数量（2~3 件物品） 　　ＡⅡ. 能配对图片中不同的数量（2~3 件物品）							
72. 将物品分类，如穿的、吃的 　　A. 见备注 Ⅰ							
73. 仿画 V 字 　　ＡⅠ. 用辅助器具仿画 V 字 　　ＡⅡ. 配对画有 V 字的图片							

备注　Ⅰ：儿童利用声音、目光指示、手势或其他特别器具来表示。

　　　Ⅱ：在提供选择下，儿童可用声音、目光指示、手势或其他特别器具表示（以拼图为例，选择一块零片），然后由工作人员协助完成。

74. 在一张 10 厘米×10 厘米的纸上将对角线连接							
AⅠ. 用辅助器具将对角线连接							
AⅡ. 配对连上对角线的图片							
75. 模仿他人数出 10 件物品							
AⅠ. 配对不同的数量（1~10 件物品）							
AⅡ. 配对图片中不同的数量							
76. 模仿他人用 3 块积木砌桥							
AⅠ. 模仿他人在平面上用 3 块积木砌桥							
AⅡ. 提供答案以做选择，儿童可以声响或操作表示							
77. 以积木或珠子配成图片							
78. 仿画一连串的 V 字（VVV）							
AⅠ. 用辅助器具仿画一连串的 V 字							
AⅡ. 配对画上一连串 V 字的图片							
79. 在不完整的人像上填划脚和手							
80. 从多个答案中选出人像所缺少的部分							
81. 完成 6 块的拼图							
A. 见备注 Ⅱ							
82. 说出物品是"相同"或是"不同"的							
A. 辨别物品是"相同"或是"不同"的，可以声响或操作表示							
83. 仿画四方形							
AⅠ. 用辅助器具仿画四方形							
AⅡ. 配对画上四方形的图片							
84. 在要求下说出 3 种颜色							
AⅠ. 在要求下辨别 3 种颜色，可以声响或操作表示							
85. 认识身体各部分的用途，如用眼看东西，用脚走路等							
AⅠ. 辨别身体各部分的用途，可以声响或操作表示							
86. 说出 3 种不同的形状（圆形、三角形、正方形）							
AⅠ/Ⅱ. 辨别 3 种不同的形状，可以声响或操作表示							
87. 在 3 幅或以上的图片中，找出一幅与其他不同的图片							
4~5 岁							
88. 在要求下，正确地数出 1~5 件物品							

备注 Ⅱ：在提供选择下，儿童可用声音、目光指示、手势或其他特别器具表示（以拼图为例，选择一块零片），然后由工作人员协助完成。

89. 辨别画上 1~5 件物品的图片							
90. 说出 5 种不同的触觉刺激，如软／硬，冷／热							
ＡⅠ／Ⅱ. 辨别 5 种不同的触觉刺激，可以声响或操作表示							
91. 仿画三角形 △							
ＡⅠ. 用辅助器具仿画三角形							
ＡⅡ. 配对画上三角形的图片							
92. 忆述或指出 4 件刚刚在图片中见过的物品							
93. 指出画有 4 件刚刚见过的物品的图片							
94. 指出各种日常活动进行的时间，如晚上睡觉、早上吃早餐等							
ＡⅠ. 以声响或操作表示各种日常活动进行的时间							
ＡⅡ. 配对画上日常活动进行时间的图片							
95. 重复熟识的歌曲							
96. 遵守三重的命令，如"将盒拿到桌上，放在桌面上，然后回来坐下"或是"不同"的							
ＡⅠ. 了解三重的命令，可以声响或操作表示							
97. 能辨别几件物品是"轻"还是"重"							
98. 明白"好多"与"多过"的概念							
ＡⅠ. 以声响或操作来表示明白"好多"与"多过"的概念							
99. 当 3 件物品之一被拿走时，能记得被拿走的物品							
ＡⅠ／Ⅱ. 在提供选择下，能指出被拿走的物品							
100. 说出 8 种颜色							
ＡⅠ／Ⅱ. 辨别 8 种不同的颜色，可以声响或操作来表示							
101. 说出各种硬币的名称							
ＡⅠ／Ⅱ. 辨别各种硬币，可以声响或操作来表示							
102. 配对单字或数字或符号							
103. 说出物品的颜色							
ＡⅠ／Ⅱ. 在提供选择下，能辨认物品的颜色							
104. 重复听同一故事 3 次后，能复述其中发生的 5 件事							
105. 画出完整的人像（包括头、身、四肢）							
ＡⅡ. 用辅助器具画出完整的人像							
106. 唱出 5 句歌词							

107. 模仿他人用10块积木砌成小塔,如 ▰▰▰							
AⅠ. 模仿他人在平面上用10块积木砌成小塔							
AⅡ. 提供答案以做选择,儿童可以声响或操作来表示							
108. 说出"长"与"短"							
AⅠ/Ⅱ. 辨别"长"与"短",儿童可以声响或操作来表示							
109. 将物品放在"后面""侧面"及"隔离"							
AⅠ/Ⅱ. 辨别"后面""侧面"及"隔离",可以声响或操作来表示							
110. 明白"快"与"慢"的概念							
AⅠ/Ⅱ. 辨别"快"与"慢",儿童可以声响或动作来表示							
111. 配对不同的数量(1~10件物品)							
112. 说出图片里缺少的部分							
AⅠ/Ⅱ. 指出或在提供选择下表示出图片中缺乏的部分,可以声响或动作来表示							
113. 能背出1~20							
114. 说出"最先""中间"与"最后"的位置或次序							
AⅠ/Ⅱ. 辨别"最先""中间"与"最后",可以声响或动作来表示							
5~6岁							
115. 能最少数至20件物品							
AⅠ/Ⅱ. 能数出20件物品或在提供选择下以声响或动作来表示正确答案							
116. 能说出10个数字的字体							
AⅠ/Ⅱ. 辨别10个数字的字体							
117. 辨别自己的"左"及"右"							
AⅠ/Ⅱ. 辨别自己的"左"及"右"面,可以声响或动作来表达							
118. 写出自己的名字							
AⅠ. 用辅助器具写出自己的名字							
AⅡ. 辨认自己的名字							
119. 以正确次序排列长度或大小不同的物品							
A. 见备注Ⅱ							

备注 Ⅱ:在提供选择下,儿童可用声音、目光指示、手势或其他特别器具表示(以拼图为例,选择一块零片),然后由工作人员协助完成。

120. 以正确次序排列 1~10 的数字 　　A. 见备注 Ⅱ							
121. 指出物品的次序或位置（第一、第二、第三）							
122. 辨认 1~25 的数字							
123. 仿画◇ 　　AⅠ. 用辅助器具仿画◇ 　　AⅡ. 配对画上◇的图片							
124. 完成简单的迷宫 　　AⅠ. 用辅助器具完成简单的迷宫							
125. 以正确次序说出一星期内的日子							
126. 以 3 件物品做简单的加减数							
127. 说出自己的出生日期 　　AⅠ/Ⅱ. 辨认自己的出生日期，可以声响或操作来表示							
128. 预测下一步将会发生的事情 　　AⅠ/Ⅱ. 排好 3~5 幅有次序的图片							
129. 明白"半个"及"一个"的概念 　　AⅠ/Ⅱ. 辨别"半个"及"一个"的概念，可以声响或动作来表示							
130. 能背出 1~100							
6~7 岁							
131. 明白时间概念——今天、明天、昨天							
132. 明白一些节日与季节的关系（例如新年和春天）							
133. 能以速度作比较（例如汽车比脚踏车快……）							
134. 能分辨熟识的钱币及纸币							
135. 喜欢参与与数字或文字有关的游戏（例如配字、填字、迷宫……）							
7~8 岁							
136. 能理解时间的长度（例如一年是长的）							
137. 能理解距离的意义（例如一公里是远的）							
138. 明白体积的恒存性（例如把水从一个窄高的瓶子倒入一个阔矮的瓶子，水的量并未改变）							
139. 能够准确地说出时钟上的时间							

　　备注 Ⅱ：在提供选择下，儿童可用声音、目光指示、手势或其他特别器具表示（以拼图为例，选择一块零片），然后由工作人员协助完成。

140．能说出月历上的年、月、日							
141．能说出季节							
142．能自行选择图书并自行诵读部分文字							
143．能够点数金钱的数量							
144．能熟悉加数及减数的概念							
8～9岁							
145．开始喜欢收藏东西并按特征分类（例如集邮）							
146．懂得储蓄金钱以购买想要的物品							
147．懂得阅读有兴趣的杂志							
148．能够以语言表达自己的意见							
149．喜欢接受挑战及承担责任							
150．喜欢独立工作							
151．画图时能有比例							
152．有计划地解决问题（例如能回忆曾经过的地方寻找遗失了的东西）							
153．能掌握乘数及除数的概念							
154．喜欢学校的学习生活							
9～10岁							
155．能够以直觉解释事情							
156．喜欢参与数学游戏但不一定了解其中的关系							
157．喜欢参与试验							
158．喜欢以文字做游戏（例如作词、写菜单……）							
159．能以倒序的方式思考							

附件三：脑瘫儿童实用技能记录表（2016 年 4 月 23 日修订）

社交能力记录表

儿童姓名：_____　　性别：_____

出生日期：_____

组别：_____　　入园日期：_____

评估人员：_____

引言：

1. 此能力记录表并非一份标准化评估表，只作了解儿童能力的参考。在评估《脑瘫儿童实用技能记录表》的社交能力部分时，以此表的细项代替。

2. 此记录表的作用是协助老师找出儿童的学习阶段，进而设定学习内容。

3. 大部分项目以自然情境观察为主，评分标准：

未能做到：0

有时做到：2

经常做到：4

记录日期							
	A1	A2	A3	A4	A5	A6	A7
0~1 岁							
1. 注意在视觉范围内移动的人或物							
2. 以笑来回应成人的注意							
3. 以声音或动作引起成人的注意							
4. 看着自己的手会发声或发笑							
5. 当与家人一起时，会以笑声或停止哭泣来响应							
6. 以笑来响应别人的面部表情							
7. 对母亲不同语调的声音有不同的反应							
8. 对镜中的像发笑或发声							
9. 轻拍或拉扯他人头上各部分，如头发、鼻子、眼镜等							
10. 会尝试拿取提供的物品							
11. 会尝试接近熟识的人							
12. 会尝试接近和拍镜中的自己或另一个小孩子							
13. 能把玩及观察被提供的物品至少 1 分钟							

14. 将手中的物品摇动或挤压，从而无意中产生声响							
15. 独自玩耍 10 分钟							
16. 在他人陪伴的 2~3 分钟内，时常与对方有视觉接触							
17. 在靠近成人的环境下独自玩耍 15~20 分钟							
18. 发声或以表情来引起别人的注意							
19. 模仿躲猫猫游戏（手盖着眼睛）							
20. 模仿成人拍手							
A. 对成人拍手做出反应							
21. 模仿成人摇手作别							
A. 对成人摇手作别做出反应							
22. 模仿成人高举双手来表示"很大"							
23. 向成人送上玩具、物品或食物，但不一定放手							
24. 对熟识的人做出拥抱或亲热的行为							
25. 对自己的名字做出反应，例如对视或做出待人拥抱的姿势							
26. 模仿别人以摇动或挤压玩具来产生声响							
27. 仔细玩或操作玩具或做动作							
28. 向成人递上玩具或物品而愿意放手							
29. 在游戏时模仿另一个孩子的动作							
1~2 岁							
30. 模仿成人简单的工作，例如拉床单、收衣服等							
31. 与另一个小孩子玩耍，而分别做不同的活动							
32. 与另一个小孩子共同玩耍可达 2~5 分钟，如推车、扭腰等							
33. 在参与活动时能接受与父母分离，而只是中间显出不安							
34. 活跃地观察或探索周围环境							
35. 与他人合作参与一些操作的游戏，如拉绳、扭掣等							
36. 不再把玩具送入口中							
37. 亲昵及抱洋娃娃或布娃娃							
38. 重复一些引人发笑或注意的动作							
39. 给成人送上书本并一同阅读							
40. 拉着别人以展示某些动作或物品							

附件三：脑瘫儿童实用技能记录表（2016年4月23日修订）

41. 在提示下，当接近一些不可接触的物品时，会后退并叫自己"不要"							
42. 在高的椅子上会耐心等待别人照顾自己的需要							
43. 与2~3名伙伴一同玩耍							
44. 在另一个小孩子要求下愿意分享玩具或食物							
45. 在提示下与熟悉的成人及伙伴打招呼							
2~3岁							
46. 50%的时间能服从成人的要求或命令							
47. 在指示下拿走或带回物品，或把他人从另一地方呼唤过来							
48. 能聆听长达5~10分钟的音乐或故事							
49. 在提示下会说出或表示"谢谢"							
50. 尝试替父母做部分简单家务							
51. 穿着成人的衣物扮演角色或加入其他假想游戏							
52. 在要求下可做选择							
53. 在不需提示下做出道别的手势或说"再见"							
54. 表达出自己的各种感受，例如用欢喜、开心、愤怒、悲哀等字眼							
55. 开始领悟现在与过去的分别，并觉得需要将部分意愿延伸至未来							
3~4岁							
56. 听音乐时有歌唱或跳舞的表现							
57. 模仿其他孩子遵守纪律							
58. 在不需提示下称呼熟悉的人							
59. 在成人带领的小组游戏中能遵守纪律							
60. 会先请示他人才去分享其他孩子正在玩的玩具							
61. 超过半数时间不需提示而说出或表示"谢谢"							
62. 能接电话，呼唤别人及与熟悉的人谈话							
63. 可以接受"轮流"的要求							
64. 在年纪比较大的孩子带领的游戏中能遵守纪律							
65. 大部分时间能与成人合作							
66. 留在自己的活动范围里							
67. 当正在进行自己的事情时能与其他孩子交谈							

	4~5岁						
68. 当有困难时会要求帮助							
69. 能参与成人的谈话							
70. 为别人重复表演，例如歌唱、舞蹈等							
71. 能玩竞争性的游戏							
72. 独自投入一件事情20~30分钟							
73. 大部分时间能不需提示而向人道歉							
74. 能与8~9位小孩一起轮流玩							
75. 与2~3位小孩一起参与合作性的活动或游戏20分钟							
76. 在公众场合可做出适当的社交行为							
77. 大部分时间能先问准他人才用其物品							
5~6岁							
78. 能描述自己感受，如愤怒、开心、喜爱等							
79. 在不需看管下与4~5位小孩共同参与合作性的活动或游戏							
80. 能向别人解释游戏规则							
81. 模仿成人的角色							
82. 在进餐时能加入对话							
83. 能玩需要推理的游戏							
84. 会安慰不开心的伙伴							
85. 选择自己的朋友							
86. 用简单的工具建造或策划							
87. 能说出自己的目的并付诸行动							
88. 能演出一个故事的一部分，例如用木偶或自己扮演角色							
6~7岁							
89. 受父母的影响减少							
90. 尝试建立不稳定的友谊							
91. 遇争执时坚持自己的观点							
92. 较难平复波动的情绪							
93. 对周边事物跃跃欲试							
94. 明白被形容"好"与"不好"反应别人对自己的期望							
95. 会有说谎、欺骗及偷窃的行为							

附件三：脑瘫儿童实用技能记录表（2016 年 4 月 23 日修订）

	7~8 岁						
96. 较能与成人合作							
97. 显示明白幽默							
98. 喜欢扮演助教的角色							
99. 表示喜欢与别人建立友谊							
100. 以是否公平作为投诉的标准 （例如哥哥有较长的时间玩玩具，自己却没有）							
101. 以别人的行为掩饰自己的过失							
102. 选择同性别的玩伴							
103. 开始介意自己在别人心中的印象							
104. 重视自己曾做出的承诺							
	8~9 岁						
105. 开始有道德的标准 （对事情的评价只有"是"与"不是"）							
106. 已有固定的 2~3 位朋友							
107. 介意自己的表现							
108. 看重小圈子的角色（朋友的认同）							
109. 喜欢通过电话与朋友交谈							
110. 明白各有长处（欣赏别人的能力）							
111. 喜欢以表现得到成人的关注							
	9~10 岁						
112. 能以相同喜好作为选择朋友的标准							
113. 会以语言排斥异性朋友							
114. 有一些"好朋友"及一些"敌人"							
115. 看重游戏的规则							
116. 以笑骂回应别人的挑衅							

语文—表达能力记录表

儿童姓名：＿＿＿＿＿＿＿＿＿＿ 性别：＿＿＿＿＿＿＿＿＿＿

出生日期：＿＿＿＿＿＿＿＿＿＿

组别：＿＿＿＿＿＿＿＿＿＿ 入园日期：＿＿＿＿＿＿＿＿＿＿

评估人员：＿＿＿＿＿＿＿＿＿＿

引言：

1. 直接测试的项目，提供3次回答的机会，如第一次就做对的给4分，有两次做对的给2分，只有一次或以下做对的给0分。

2. 此记录表只记录至6岁，是因为儿童的语言表达若能发展至6岁，表示已达到一个颇为成熟的阶段，以后的发展则要结合认知的发展及社交能力。例如，说话时是否带有逻辑或是否懂得运用幽默。

3. 此能力记录表并非一份标准化评估表，只作了解儿童能力的参考。在评估《脑瘫儿童实用技能记录表》的沟通能力部分时，可参考此表的细项。

4. 此记录表的作用是协助老师找出儿童的学习阶段，进而设定学习内容。

5. 大部分项目以自然情境观察为主（除了表明"直接测试"），评分标准：

未能做到：0

有时做到：2

经常做到：4

记录日期							
	A1	A2	A3	A4	A5	A6	A7
0~1岁							
1. 随意发出不规则的声音（没有沟通的目的）							
2. 能以笑声回应							
3. 当别人与其说话时，其发声相继增加							
4. 用不同的语调来表达自己，如当玩具被取走时，以发声表示不满							
5. 重复别人发出的声音（如 Ba—Ba—Ba）							
6. 多次重复同一音节（如妈妈）							

7. 能模仿别人发出无意义的声音，如咳嗽或以舌发出的声响（嗒嗒声）						
8. 以操作表达需要						
9. 能模仿别人的词语						
10. 能自动发出高低不同的音调来表达不同的情绪						
11. 能使用双音节，如妈妈、爸爸、打打						
12. 能运用语音命名对象或图画						
13. 当别人说"拜拜"时，能以同样的方式回应						
14. 最少能使用3个单字						
1~2岁						
15. 能用5个不同的字，同一字可能代表多种不同的对象						
16. 能说"没有"						
17. 在要求下能说出自己的"名字"或"乳名"						
18. 当别人问"这个是什么？"的时候，能说出两种物品的名称，如杯、盘						
19. 用手势和言语表达需要						
20. 说出3件玩具的名称，如球、车、娃娃						
21. 能学习2种动物的叫声，并能以动物的叫声代替动物的名称，如咪咪代替猫、汪汪代替狗						
22. 能说出4种食物的名称，如奶、水、饼、糖						
23. 能说出身体3个部位的名称，如眼、耳、口						
24. 能以"是"来回答问题						
25. 能以"不要"或"不是"来回答问题						
2~3岁						
26. 能使用"名词+名词"（如爸车）或"形容词+名词"（如大球）或"动词+名词"（如吃饭）						
27. 发音清楚使熟悉的人也能理解						
28. 能运用3个字的句子						
29. 有如厕的需要时，能以说话或其他方式表达						
30. 能用动词或名词连结"这里""那里"，如爸爸这里，去那里						
31. 能用两个字的句子表示所属物，如爸车						
32. 说话时能运用"不要"或"不是"等字眼						
33. 能主动说出所需物品						

34. 当被问及"爸爸／妈妈／老师在做什么？"时能做出适当的问答							
35. 当被问"他是谁？"时，能答出熟悉的人的名称（最少3个）							
36. 当被问及"这个是什么？"时，能说出照片中事物的名称，如汽车、电话、牙刷（直接测试）							
37. 能回答"在哪里"的问题，如"妈妈在哪里？"							
38. 能说出熟悉的声音名称，如电话、敲门、犬吠							
39. 说话时常引用自己的名字来代表自己							
40. 可以说出自己的年龄							
41. 能说出性别							
42. 经常问"这是什么？"							
43. 90%以上的时间能控制自己的音量							
44. 在句子里用"这个""那个"							
45. 当别人用"谁"发问时，能适当地回答，如"谁帮你穿衣服？"							
46. 能运用一些分类的名词，如食物、玩具。出示"食物类""玩具类"图各一（直接测试）							
3~4 岁							
47. 能从较复杂的图中辨认和说出3件物品的名称。出示"吃饭"图1幅（直接测试）							
48. 在要求下说出自己的姓名							
49. 当问及"怎样？"的问题时能做简单的回答，如"你怎样回家？"							
50. 可以说出实时发生的事							
51. 可以描述怎样运用常见的东西，如梳、杯、笔、牙刷、毛巾							
52. 能使用一些表达"将来"的词句，如待会、今晚、明天							
53. 说出2件有次序性发生的事，如洗澡后穿衣服							
54. 发音清楚使别人能明白其所讲的单字、词组和短句							
55. 懂得运用位置词，如车在盒上面/下面/里面/旁边							
56. 能回答"当你……时，你会怎样？"的问题，如"当你口渴时，你会怎样？"							

57. 能以动词来回答"他（们）在做什么？"的问题（最少3项）。出示"在公园里"图1幅（直接测试）							
58. 能朗诵或唱1段儿歌（最少4句）							
59. 能依3幅有次序的图片，说出一个故事情节（由工作人员先示范）（直接测试）							
60. 在没有示范下能依3幅有次序的图片，说出一个程序（直接测试）							
4~5岁							
61. 发音清楚，除了一些较难发的音							
62. 能用复句，如"我去吃饭和去公园"							
63. 不需图画或任何提示，能叙述熟悉的故事							
64. 能依指示用大声或细声说话							
65. 能读自己的名字							
66. 能依4幅有次序的图片说出一个短故事（直接测试）							
67. 能数1~10							
68. 聆听故事后，在问题指引下能复述故事内容（直接测试）							
5~6岁							
69. 说话流利并符合语法							
70. 能忆述4件刚从图中看到的对象。出示"吃饭"图1幅（直接测试）							
71. 能使用"有些"及"很多"							
72. 能说出自己的地址							
73. 能说出自己的电话号码							
74. 能复述简单的日常经验							
75. 能有次序地排列及讲述5幅图片组成的故事（直接测试）							
76. 能简单解释字的含意，如"肚子饿是什么意思？"，"学校是什么？"							
77. 能说出一些字的相反词，如粗细、肥瘦、高矮							
78. 当问及"假如……会……"形式的问题，能做适当的推测，如"假如家里起火，你会怎么办？"							
79. 能有意识地运用"昨天""明天"等词句							
80. 会主动地问陌生字句的含义							

附件四：

儿童资料与习作程序设计表

长江新里程计划（三期）脑瘫儿童引导式教育项目儿童和小组资料总汇——引导员上岗考核使用

考生姓名：_____ 工作单位名称：_____

表格一：儿童背景资料简介

序号	儿童姓名	年龄	诊断	大肌能#			GMFCS	生活自理#				MACS	EDACS	沟通能力	
				坐	立	行		进食	如厕	更衣	梳洗			评分*	CFCS
1															
2															
3															
4															
5															
6															

此小组主要问题

评分：0 - 完全协助；1 - 成人部分协助使用辅助器具；2 - 独立使用辅助器具完成活动；3 - 完全独立。
* 评分：0 - 没有表达及理解能力；1 - 能注视沟通对象，但没有回应；2 - 能以表情或发声表达及回应；3 - 能以简单口语表达及回应，但有时不准确；4 - 口语表达及理解与同龄接近。
GMFCS：Ⅰ - 完成独立行走；Ⅱ - 上下楼梯要看顾，其他独立；Ⅲ - 用步行器在室内独立行走，户外用电动轮椅，户外用电动轮椅或协助。
MACS：Ⅰ - 执行需要速度和准确性的徒手操纵物品时会受到限制，但步行能力不会阻碍独立执行任何日常活动；Ⅱ - 完成活动有一点困难或采取替代方法未执行，但徒手能力不会阻碍独立执行任何日常活动；Ⅲ - 执行速度缓慢和完成活动的质会下降而且不易成功，但可以独立完成预先准备或经过特殊设计的调适性活动；Ⅳ - 只能执行部分活动，在执行时非常费力而且不易成功，需要持续的协助和或改造的设备，甚至需要预先完成部分活动；Ⅴ - 完全需要协助。
EDACS：Ⅰ - 有效和安全地进食饮食；Ⅱ - 能安全进食饮食，但效率稍低；Ⅲ - 进饮食的安全有限制，效率或稍低；Ⅳ - 进饮食的安全和效率都有限制；Ⅴ - 不能进食饮食，需靠喂食管。
CFCS：Ⅰ - 完全独立有效沟通；Ⅱ - 大部分能独立有效沟通，但比较慢；Ⅲ - 大部分能与熟悉的人有效沟通，有时不能有效传递和接收讯息；Ⅳ - 与熟悉的人不稳定沟通，有时不能有效传递和接收讯息；Ⅴ - 很少有效沟通。

附件四：儿童资料与习作程序设计表

表格二：儿童背景资料分析

序号	儿童姓名	髋关节情况	认知水平	目前在六大范畴中的主要问题/训练目标

备注：认知水平注明"接近同龄""轻微落后""中度落后""严重落后"。

表格三：小组资料

组别程度：学前 / 幼儿 / 母婴 / 多类弱能（在对应组别处打√）

小组目标

范畴	小组目标						
大肌能							
精细动作							
生活自理							
认知							
沟通							
社交							
关键目标							

附件四：儿童资料与习作程序设计表

习作程序设计表

习作名称：_____ 小组名称：_____
时间：_____ 全组功能程度：GMFCS_____ MACS_____ EDACS_____ CFCS_____
课室/地点：_____ 全组学习能力：_____
推行时段：_____ 负责老师：_____

课堂程序（预备、核心习作及完结）	环境/地方的安排
1. 预备阶段：	
2. 核心习作：	家具及用具
3. 完结阶段：	

目 标	
肌能目标（M）：	
功能目标（F）：	
其他目标（O）：	

课堂程序：习作/节律性意向（附加图解）	目标（代号）	诱发活动	个别诱发方法								

附件五：

考核人员指引

1. 考核人员要预先熟读评分标准和考核题目。

2. 香港考核人员作为主考员，内地考核人员作为助考员（每组两名），记录考生考试的回答，考生的最终评分由主考员确定。

3. 主考员参考该组两名助考员意见后，在评分表上填写考生评语。

4. 考核程序：

（1）主考员给考生实操评估儿童的题目并简要介绍现场提供的评估用具，助考员带评估对象进考场，并安顿儿童稳坐合适的位置，等候考生进行评估。——2 分钟

（2）考生评估儿童（两个评估范畴），共 30 分钟。在 15 分钟时，助考员提示考生时间；在 25 分钟时，再次提示考生余下的时间。

（3）评估结束，考生有 5 分钟整理和思考评估结果，助考员带儿童离场并收拾评估工具。

（4）主考员提供录像口试评分表的照片给考生查看，考生回答有关所提交录像的问题。——2 分钟

（5）考生回答主考员有关评估的问题，助考员记录考生的回答。——11 分钟

（6）考核人员总结评核，给予评分。——10 分钟

5. 考生进行评估期间考核人员不做任何干预，除非考生进行的步骤会对儿童造成危险。

图书在版编目（CIP）数据

引导式教育专业人员业务考核指南 / 中国残联社会服务指导中心，广东省残疾人康复中心主编. --北京：华夏出版社，2020.1

ISBN 978-7-5080-9769-5

Ⅰ. ①引… Ⅱ. ①中… ②广… Ⅲ. ①小儿疾病－脑瘫－儿童教育－特殊教育－资格考试－自学参考资料 Ⅳ. ①G76

中国版本图书馆 CIP 数据核字（2019）第 129120 号

引导式教育专业人员业务考核指南

主　　编	中国残联社会服务指导中心　广东省残疾人康复中心
责任编辑	梁学超
责任印制	顾瑞清
出版发行	华夏出版社
经　　销	新华书店
印　　刷	三河市万龙印装有限公司
装　　订	三河市万龙印装有限公司
版　　次	2020 年 1 月北京第 1 版 2020 年 1 月北京第 1 次印刷
开　　本	787×1092　1/16 开
印　　张	6
字　　数	114 千字
定　　价	49.00 元

华夏出版社　地址：北京市东直门外香河园北里 4 号　邮编：100028
网址：www.hxph.com.cn　电话：（010）64663331（转）
若发现本版图书有印装质量问题，请与我社营销中心联系调换。